新中国捐献文物精品全集

郑振铎　卷

七律

文物珍藏今古傳　仁人志士是中堅
殫勞馳騁求瑰寶　薈萃琳瑯成鉅編
贏回楚弓存故土　賡承先澤砥新篇
喜刊精品饒丰彩　遺范呈輝勵后賢

題《新中國捐獻文物精品全集》出版

甲午仲夏　謝辰生

時年九十有二

七律

文物收藏千古傳　高人雅士志弥堅

追尋瑰麗傾家産　集萃精华汇大编

悉數还珠成國粹　一腔忠赤著鴻篇

重光人物揚風范　精品流芳育众賢

喜讀謝老題《新中國捐献文物精品全集》出版七律詩步原韻和之

甲午仲夏

彭卿云

序

励小捷

捐献文物是爱国重文的优秀品质的体现。新中国成立后，随着文物保护日益受到国家和社会的重视，社会贤达、各界收藏家纷纷捐献文物，补充考古发掘所得，丰富馆藏展示陈列，壮大了博物馆的藏品规模，优化了博物馆的藏品结构，使一大批散逸文物回归国家并发挥其应有的作用，为新中国文物事业发展做出了重要贡献。他们的事迹与精神永远值得表彰、纪念和传承，中国文物学会组织编纂“新中国捐献文物精品全集”，就是对文物捐献群体的一次集中展示和致敬。

据不完全统计，新中国成立以来，社会各界人士捐献了数以十万计的各类文物。故宫博物院累计接收捐献文物约两万件，其中一级文物三百余件，捐献者达六百余人次。中国国家博物馆自建馆伊始到2012年的一百年间，累计接受社会各界人士捐献古代文物六百三十余人次，涉及文物六万六千余件。国家级博物馆如此，地方博物馆亦如是。以青岛市博物馆为例，五十多年来，该馆先后接受了五百多位社会各界人士的文物捐献，馆藏逾万件珍贵文物中有五分之一来自个人捐献。大量的文物捐献不仅显示了社会各界对博物馆的信任和对其文物保护、展示和研究的嘉许，还从一个侧面反映了我国博物馆事业的发展成就。

新中国成立初期，文化部多次向文物捐献者颁发嘉奖令，极大地鼓舞了文物捐献行为，这一时期各级博物馆接受捐赠人次多、规模大、文物品质高。在文物捐献者中，有党和国家领导人，有著名收藏家、专家、学者和知名人士，有爱国华侨、华人和国际友好人士，也有普通群众。郑振铎先生早年不惜倾尽家财，搜集了纵贯汉魏、两宋一千四百多年的六百余件陶俑，使珍贵遗产不致流失海外。1952年，郑振铎先生毫不吝惜地将其全部捐献给国家。著名收藏家张伯驹先生将其呕心沥血三十年所收藏的陆机《平复帖》、展子虔《游春图》等珍品悉数捐献给国家，他说："东西在我的手里，就是在国家的手里，我怎么能和国家分你我，一定上交国家，无偿捐献。"著名古文字学家、考古学家、金石篆刻家商承祚先生多次将个人珍藏的文物捐献给国家，他生前砥砺自己并告诫家人“藏宝于国，施惠于民”，在笔记本上写下这样的箴言：“文物藏之子孙，莫若藏之国家。藏之子孙，难免散失；藏之国家，万无一失。”他们无私的爱国主义精神弥足珍贵，他们的仁心义举与捐献的文物一样，必将青史留名、千古流芳，值得我们永远景仰。今天，我们大力传承弘扬中华优秀传统文化，他们的行为本身就是一笔宝贵的精神文化财富。

文物是历史发展的物证，文物在个人手里，难免受到保存条件所限，而且“孤芳自赏”，难以发挥文物的社会功用。“藏宝于民”无疑是公民依法享有的权利。从长远来看，将流散文物汇集到博物馆，使之得到永久性保存，成为社会共享的资源，最大限度地发挥作用，无疑是民间收藏特别是“国之重器”的最好归宿。改革开放以来，随着博物馆建设的提速，捐献文物得到了更好的展示陈列，有的博物馆开辟专门场所进行展出，有的博物馆举办捐献文物特展，受到社会各界的欢迎。“新中国捐献文物精品全集”通过讲述文物捐献者的感人故事，为全社会树立了一个个真实鲜活的榜样，可以缅怀前贤、激励后人，引导全社会树立科学的文物收藏理念，增强民众的文物保护意识。

时间流逝，世事沧桑，社会上的普通人，甚至一些文博工作者对新中国成立后捐献文物的人和事也知之甚少了，从这个角度说，编纂出版“新中国捐献文物精品全集”，不仅是一项泽被后世的重大文化工程，更是一项历史记忆的抢救工程，善莫大焉！

值此全集出版之际，谨向参与这项工作的诸位同好表达衷心的祝贺和诚挚的敬意！希望此书的出版，能让更多的人了解文物捐献者的事迹，认同文物捐献的义举，以期更多的文物收藏者加入到捐献行列，让更多的文物走进博物馆绽放光彩、述说传奇，那将是文博界的幸事，更是全社会的福音。

是为序。

励小捷，文化部副部长、国家文物局局长。

序

单霁翔

文物之珍贵，在其自身质地的精细考究，在其制作者的匠心独运，也在其所蕴含的深厚寓意。而更值得一提的，是其在历史发展中的代代传承，即通常所谓“流传有绪”。数千年前，我们的先祖就在青铜重器上刻下“子子孙孙永宝用”的期盼。这种世代传承、流传有绪的理念使得文物越发珍贵，历久弥新。

在博物馆这一概念尚未兴起之时，历代传世的珍宝多在私人收藏家手中流传，而紫禁城更是藏尽天下奇珍的巨大宝库。但不论是私人收藏还是皇家品鉴，都难以抵抗战乱的侵袭。特别是近代以后，博物馆事业尚在缓慢萌芽，社会动荡却愈演愈烈。在国将不国的纷乱中，国宝蒙难，毁坏、损伤、流散者不计其数，令人痛心疾首。及至战火消弭、新中国成立，才给这些国宝带来了转机。此时的博物馆事业方兴未艾，传世珍宝应为国家、人民所共有，越来越成为人们的共识。这样的认知，使得我国兴起了捐赠文物的热潮。许多流散珍宝自此走进了博物馆，开始了由“私藏”到“馆藏”的转变。

就故宫博物院而言，自新中国成立以后，接收捐献文物约两万余件（其中一级品三百余件），捐献者共计六百余人次。在这些捐赠者中，既有党和国家的重要领导人，也有著名的学者、收藏家，还有海外华侨、国际友人，甚至是普通职工、平民百姓。捐赠的种类也是多种多样，法书、绘画、陶瓷、乐器、织绣、铜器、碑帖等不一而足。而在这些珍贵文物的背后，大都隐藏着一段段或是曲折离奇或是感人肺腑的传奇故事。

作为国家的最高领导人，毛泽东主席于捐赠一事上为全国做出了表率。他将友人赠送的著名书法作品王夫之手书《双鹤瑞舞赋》、钱东壁临《兰亭十三跋》、李白《上阳台帖》等捐给国家，并最终由文物局拨交给故宫博物院。在他的带领下，刘少奇、周恩来、朱德、李先念、陈毅、宋庆龄等，也纷纷通过中央办公厅将文物捐赠给国家。曾任国家文物局局长的郑振铎先生，收藏有六百余件陶俑作品。这批陶俑纵贯汉、魏至两宋一千四百多年的历史，品种丰富，十分珍贵。为了收集这些陶俑，使其不致流失海外，他不惜倾尽家财，甚至债台高筑，但却在1952年将其毫不吝惜地全部捐献。

张伯驹是一位收藏大家。他以重金购买西晋陆机的《平复帖》，即使在战火逃亡中也不忘尽力保全；为购买展子虔的《游春图》，倾家荡产也在所不惜；面对绑架勒索时，“宁死魔窟”也绝不变卖家产。但在新中国成立后，他却毫不犹豫地将其捐献给国家。被誉为“宣德大王”的孙瀛洲，在新中国成立前经营古玩铺，收集了许多珍玩，其数量之多、品质之精，足可以开办个人博物馆。新中国成立后，他将毕生所藏的三千多件文物全部捐献给故宫博物院。其中仅陶瓷一项就有两千余件，更有如明代成化斗彩三秋杯等稀世珍品。

许多老一辈故宫人也曾将毕生收藏捐赠于故宫，如吴瀛、马衡、陈万里，他们不仅为故宫博物院的发展耗尽心血，更将自己毕生所藏留在了他们奋斗半生的地方，延续着他们对文物深沉的爱。至于那些海外华侨或是普通百姓，如定居美国却一心要将家珍送回祖国的杨令茀女士；多方追查、重金购买掐丝珐琅冰箱（原为宫廷用品）并无偿捐赠的天津市民陆仪女士；为保拓片完好留存，不致失传散逸而将明刻明拓《兰亭序图》卷捐献故宫的归质忱、袁静和夫妇……他们的名字虽不能一一列举，也可能不会被人们牢记，但这份赤诚之心永远不会褪色。

这样的捐赠义举，不独出现在故宫博物院，在全国的诸多博物馆里都有着相似的动人事迹。与毛公鼎并称为“海内三宝”的大克鼎、大盂鼎早年由潘祖荫一家收藏。潘家数辈人爱宝如命，竭力维护，令二鼎躲过一次次的觊觎与抢夺。直到新中国成立，为了宝鼎能够得到更好的保护，潘家人将此二鼎捐献给国家，以求鸿宝重器能够长久保全。如今大克鼎陈列于上海博物馆，大盂鼎在国家博物馆展出，一南一北镇守着中华。

我国著名的古文字学家商承祚收藏有不少家珍。抗日战争期间为防日寇破坏、抢夺文物，他冒着战火抢救古墓、收购古物。新中国成立后，商老将家中珍藏的千余件国宝捐赠给国家，惠及故宫博物院、中国历史博物馆、广东省博物馆以及湖南、江苏等全国多家省、市博物馆。商老认为文物藏之子孙难免散逸，藏之国家则万无一失。因此，他主张“藏宝于国，施惠于国，施惠于民”。1990年（商老去世前一年），他将郑燮的《四面风竹图》捐赠给了深圳博物馆。这样始终坚守“藏宝于国”的精神，令人钦佩。

历经半个多世纪，在众多捐赠者前赴后继的努力下，越来越多的文物离开私家走进了博物馆，为世人所共鉴。这无疑给我国文博事业的发展注入了新的活力。而国宝历尽漂泊终归故土，更是文化的承继与发扬。作为文物工作者，我们真心地感谢这些无私的捐赠者。他们不迷于名利，不屈于淫威，甚至不惜一切地将文物捐献的义举，厥功甚伟，百世不磨！

饮水思源。各地博物馆都在采用各种各样的方式来表达对捐赠者的感谢及对这种崇高精神的弘扬，如开办以捐赠者或捐献文物为主题的展览，出版纪念图书图录等，使得人们可以领略文物的风采与捐赠者的仁心，并扩大其社会影响力，以感染更多的人。

故宫博物院于2005年开辟景仁宫为捐献馆。景者，日光也。景仁者，光大其仁人之心也。景仁宫中立景仁榜，其上镌刻了所有曾向故宫捐赠珍宝的海内外人士姓名。他们的名字值得为人称颂，值得永远铭记。相关的专题展览包括：“二十二家捐献印章展”（2006年）、“章乃器先生捐献文物展”（2007年）、“萧龙友先生捐献文物精品展”（2010年）等。此外，故宫博物院正在出版“捐献大家”系列图录，目前已出版了张伯驹、叶义、郑振铎、孙瀛洲、吴瀛、马衡等人的专集。

展览和出版，是为了让越来越多的人了解这些平凡的捐赠者与他们背后不平凡的故事，彰显其仁义之举、拳拳之心。而作为捐献文物的接收单位，为表达由衷的感激之情，故宫博物院也一直与捐赠者或其家人保持着紧密的联系，每年都为他们寄送《故宫日历》与《紫禁城》杂志，以示答谢。每逢重要年份，故宫博物院还会组织专题座谈会以缅怀、纪念那些故去的先人。如2007年举办了纪念陈万里先生一百一十五周年诞辰座谈会，2008年举办了纪念张伯驹先生一百一十周年诞辰座谈会，等等。

应该认识到的是，随着社会经济的不断发展，人们开始看重古董珍玩的巨大经济价值，加之法律法规在捐赠行为上的模糊，都在一定程度上迟滞了文物捐赠。但也得益于社会的不断进步，在新时代的背景下，国人的文化自觉与自信日益加深，越来越多的人认识到：黄金有价而文物无价，千金易得但国宝难求，祖国的博物馆才是这些文物国宝最好的归宿。

张伯驹先生曾言："予所收蓄，不必终予身，为予有，但使永存吾土，世传有绪，则是予所愿也！今还珠于民，乃终吾夙愿！"有这样的捐赠者，是文化之幸，中华之幸。前有为文物天涯追索、以命相护的捐赠先贤；后有寻国宝不惜重金、不为名利的当代楷模。我们有理由相信，世俗的风气压不倒文化的传承，今后捐赠者的队伍会不断壮大，将有更多的文物国宝走进我们的博物馆，绽放它们的光彩，述说它们的传奇。

单霁翔，文化部党组成员、故宫博物院院长、中国文物学会会长。

序

谢辰生　彭卿云

“新中国捐献文物精品全集”（以下简称“精品集”），从现在起，将按人物分卷陆续问世。此书酝酿已久，筹办亦已经年，而今，终于在国家文物局及相关众多单位及其领导人等鼎力襄助之下，玉成其事，偿人夙愿，令人欣慰！

酝酿之久，乃出于对文物捐献者无私奉献的爱国精神的感动与崇敬。随着民族振兴，文物事业兴旺，人们对文物捐献者的感佩之情正与日俱增，久久不能释怀。长期以来，每当谈到、看到、想到新中国成立之初许多仁人志士慷慨捐献的稀世珍品时，那令馆舍熠熠生辉、观众啧啧称奇、研究鉴赏妙趣横生，中华民族文明与智慧之花绽放的般般情景，总是激发我们为这些国宝捐献者们对国家、对民族之精忠，对共产党、对新中国之拥戴而心潮澎湃，感奋由衷。深感他们的事迹精神，理当勒石记功，传之后世，启迪后人。他们人数之多，来地之广，皆史无前例。上至党政军顶层领导，下到各界各阶层民众。其中以来自文苑、学界的仁人志士为中坚。毛泽东率先垂范，将友人所送名人书法作品慨然转赠给国家。于是，许多党政军领导人纷纷相继捐出所藏文物。文物捐献者之中的仁人志士，学识渊博，才华横溢，对民族文化遗产独具慧眼，研究有素，因而情有独钟，终生至爱。为了收藏保护珍贵文物，他们都不惜变卖家产，倾其所有，殚精竭虑，奔波天下，不达目的，决不罢休。据粗略统计，文物捐献者成千上万，全国各博物院、馆所受捐文物达四十余万件（套）之巨。有的著名大博物馆文物藏品六成以上是捐献品，成为该馆文物藏品的主体。所捐文物品位之高，都在“珍贵”之列，其中大量堪称国宝级极品，因而成为国家博物院、馆的“镇馆之宝”。各地捐献文物是现有国有馆藏文物的重要来源之一，是国有可移动文物的重要组成部分，其价值与作用无可估量。张伯驹先生对收藏精品更是费尽心机，不遗余力，成为一代收藏精英代表人物之一。其所捐文物之精、绝乃位居顶、极。他为了收藏隋代展子虔《游春图》，所到之处，总是大声呼唤“此卷有关中华历史，万万不能出境，谁为了多赚金子，把它转手洋人，谁就是民族败类，千古罪人，我张某绝不轻饶他”。为此，他把这些珍贵文物无私捐献给国家，对国家、对民族尽职尽责，以此为快，以此为荣。他说："予所收蓄，不必终予身，为予有，但使永存吾土，世传有绪，则是予所愿也！今还珠于民，乃终吾夙愿！"在他看来，文物捐之于国，乃"得其所哉"！著名的古籍版本学、文物研究专家傅增湘、傅忠谟、傅熹年祖孙三代所收藏、研究的稀世绝品宋刊本《资治通鉴》和宋内府写本《洪范政鉴》等多种古本图书以及他们各自收藏、研究的自新石器时代及唐以来数以千计的各类古玉器等珍贵文物，最终和盘托出，慷慨捐献给国家，堪称举国罕见的义举。商衍鎏、商承祚、商志醰姐弟也是祖孙三代相承，他们所捐文物的数量、品种、质量、持续时间和受捐单位同样为全国之最。商承祚先生一贯主张"藏宝于国，施惠于国，施惠于民"。其祖孙三代言出必践，倾其所藏，捐之于国，可钦可佩！著名古陶瓷学大师孙瀛洲在1950年为了抗美援朝，特义卖了一批所藏文物珍品，所得全部捐献给国家。1956年，他出于爱国情怀，毅然将毕生省吃俭用、节衣缩食所藏自晋、唐至宋、明、清无所不包，自成系列的陶瓷珍品共两千九百余件（套）全部捐献给故宫博物院。他把自己的一生嫁接于文物事业，为文物而生，为文物而活，为文物呕心沥血，为文物献出自己的全部心力、才智和成果，无愧为新中国文物事业的一代功臣！忠诚的爱国志士、著名的民族工商业者周叔弢，同样以其毕生的心力收藏古籍和文物。1952年到1972年间，他先后四次将几十年收藏的宋、元、明抄本，清代善本及其他中外珍贵图书四万余卷和文物一千两百余件全部捐献给国家，被誉为“忠诚的爱国主义者、中国共产党的亲密朋友”。他还通过自己多方努力，于1950年将家祠“孝友堂”所藏古籍图书三百八十余箱共六万余册，其中包括明刻本《南藏》及百余部丛书捐献给南开大学。他曾说道：“自己在七十多年的藏书生涯中，常为搜求到一本好书而其乐无穷。如今我为这些书籍来自于人民，又归之于人民，得到了最好的归宿，最好的主人，无限欢快，非昔日之情可比拟。”如此发自肺腑之言，乃是无私捐献者共同的心声，其价值当与所捐文物等同珍贵！即将陆续问世的“精品集”所承载的仅仅是所捐献文物的一部分，是珍品之中的精品，其主要目的在于让今人和后人观其物，思其人，记其事，感其恩，仰其德，从而步其后，效其行，使“三立”俱得，传之不朽也。

此书出版，乃是时代之需，使命使然。新中国成立初期，百废待兴，各项经济、文化建设事业全面推进。大批收藏、研究文物的文人、学者爱国热情迸发，纷纷慷慨捐文物与国家，投身文物保护事业。其人其物之多，其行其事之义，于国于民之利，于先于后之德，皆史无前例，后无来者。如此种种，都是永远的国家财富、民族勋业！永远的爱国主义教材、民族文化瑰宝！然而，春秋代序，世事沧桑，当年文物捐献者中许多已经物是人非。大量震撼国人、感人肺腑的故事都日渐湮没在时过境迁的洪流中，湮没在收藏“产业化”的大潮里，正处于被遗忘、被消失的历史拐点，令人忧虑不安。因此，编辑“精品集”，乃是这个关键时刻的关键之举，是对新中国文物捐献者及其捐献事迹的一次全面回顾，是对新中国文物捐献历史的一次重新记录，是对无偿捐献文物的一次无可替代的保护与抢救，是时代赋予当代文物工作者一份义不容辞的历史责任。其决策正当其时，其意义将与日俱增，其价值将历久弥新！

策划出版此书，还在于当今文物收藏乱象丛生，环境恶化，民众为之震惊，社会引起公愤。有人竟称之为坑、蒙、拐、骗者的“集中营”，假、冒、伪、劣品的“集散地”，等等。不论此语是否言之过甚，而其现实危害的严重性，确实到了不堪忍负、非改不可的地步。究其根源，一是无法可依，无章可循，无人监管，严重助长一些人肆无忌惮、为所欲为的放纵心理；二是当今收藏成为营利的行业和产业，以私为主导，以利为目的，以财富保值为需求，既颠覆了藏物于民、藏宝为国的历史，又颠覆了收藏国粹、赓续文脉的传统，更亵渎了无数仁人志士无私奉献的家国情怀和通脱博雅。面对这一片雾霾笼罩的灰暗天空，我们试图通过“精品集”的编辑出版，来个否定之否定，颠覆再颠覆，让捐献精品重光天下，捐献事迹重放异彩，捐献人物风范长存！让今天收藏界各类人物有“珠玉在侧，觉我形秽”之悟，让那些“昧着心子，赚着银子”的所谓师、家们起见贤思齐、见利思义之心，最终唤醒收藏家们的良知，促进收藏活动健康有序，实现收藏历史、收藏文明，为国家、为民族做贡献的最终目的。这也将成为“精品集”出版的又一份可喜收获！

“精品集”的出版，是贯彻习近平总书记保护、激活文化遗产，增强国家文化软实力等一系列指示精神的一项工程，是全国文物界为实现中华民族伟大复兴的中国梦所做出的一份贡献。主持和承担编辑工作的同志们“苦恨年年压金线，为他人作嫁衣裳”所付出的艰辛，所经历的困难，只有他们才“得失寸心知”！其劳其苦自在此书出版工作首位。令人欣慰的是，此书自始至终得到了所有受捐单位及其领导者的高度重视和鼎力襄助，特别是故宫博物院、国家博物馆以及上海、天津、广东等受捐大户负责同志的全力支持，并参与编辑过程中一些重要节点的工作，从而得以按时、按计划获取相关图片资料。他们都怀着对捐献人物的敬佩和感激之心参与此项工作，乃是此书成功的基石所在。同样不可或缺的成功因素之一是国家文物局及其所属部门的审批和支持，没有它们的这把“尚方宝剑”，没有局领导同志的重视做后盾，编辑出版工作也就无从谈起。

以上，就是我们对所有新中国无私捐献文物的爱国志士所表达的由衷感佩之声！但愿继续得到广大文物捐献者及其后人以及专家学者的指正和支持，确保出版工程的顺利竣工！但愿此书的问世，成为对新中国文物捐献盛举的一份永恒纪念！

谢辰生，国家文物局原顾问、中国文物学会名誉会长。
彭卿云，国家文物局原副局长、中国文物学会名誉会长。

目录

前言

19世纪末至20世纪初，随着帝国主义侵略，民族危机日益深重。中国在饱受列强欺凌、被迫开放的环境中不断进行着经济、政治和思想文化的变革。民主和科学思想的弘扬，动摇了封建思想的统治地位，并且推动了中国自然科学的发展，使人们的思想尤其是青年的思想得到空前的解放。这一过程中，中国先进知识分子是首先觉悟的。他们在西方新思潮、新文学的启迪下，追求进步，探索救国救民的道路。郑振铎作为中国现代知识分子中的一员，亲身经历了这场历史的风云际会，见

郑振铎（1898—1958年）

证和参与了中国的巨变。他顺应时代大潮，奋斗不息，成为中国现代杰出的爱国主义者和社会活动家。他既是著名作家、诗人、学者、文学评论家、文学史家、翻译家、艺术史家，同时也是中国现代屈指可数的文物收藏家、鉴定家和藏书大家。他的一生可谓浓缩了一代知识分子探索求知、追求解放、爱国图强的历程。

一、郑振铎生平

郑振铎，字西谛，书斋用“玄览堂”的名号，有幽芳阁主、纫秋馆主、纫秋、幼舫、友荒、宾芬、郭源新等多个笔名。清光绪二十四年（1898年）12月19日出生于浙江永嘉（今温州）城里的一座老宅里。祖籍福建省长乐县首占村。祖上曾出过五个进士，是当地望族。

郑振铎祖居，福建省长乐县首占村义福房。他十分热爱自己的故乡，常以“长乐郑振铎”自称

郑振铎的出生地浙江温州旧影

但到了祖父一代，家道已中落。祖父只身从长乐到温州谋生，曾担任海防官吏及税官、盐官一类的差事，几年后便把家眷由长乐接到温州定居下来。因此，郑振铎说“我是出生在温州的福建人”。

郑振铎的父亲是家中长子，他是家族中很重要的长子长孙，因此自出生时起就受祖父重视。祖父为他请了算命先生来，听说他命相上“五行缺木”，便给他起了个“木官”的小名，大名为“振铎”，有“摇铃发出号召，一呼百应”之意，希望他长大后能有一番大事业。郑振铎的童年是在家人的钟爱中度过的。约七岁那年，在扬州知府衙门任职的父亲突发急病，自此一病不起，不久便告别人世。祖父老年丧子，常郁郁不乐，不久也去世了。从此，家中没了顶梁柱，一家四口的生活陷入困顿，只能依靠亲友接济及母亲给人做些针线活来度日。

郑振铎八九岁时，母亲把他送到县里城隍潭的一家私塾读书。十二三岁时，母亲又把他送进了三官殿巷的永嘉第一高等小学（即今温州广场路小学）。读高小时，国文课老师黄小泉对他影响很大。他曾在《记黄小泉先生》一文中写道：“到了高小的第二年，我才跟从小泉先生读书。我第一次有了一位不可怕而可爱的先生。这对于我爱读书的癖性的养成是很有关系的。……假如我对文章有什么一得之见的话，小泉先生便是我的真正的‘启蒙先生’，真正的指导者。”高小毕业后，郑振铎考进了浙江省第十中学（即今温州中学）。尽管他常常因交不起学费而被迫停学，最终还是以优异的成绩读完了中学。

1917年，他来到北京，考进了北京铁路管理学校（今北京交通大学）高等班。就学时期，他读了不少西方社会学著作和俄国批判现实主义文学作品，思想上、文学上都受到启蒙教育。他加入了北京社会主义青年团及李大钊创办的社会主义研究会。五四运动期间，他成为北京铁路管理学校学生代表和福建学生联合会领导人之一，积极投身反帝反封建的斗争。为了斗争需要，他与瞿秋白、耿济之等人合编了《新社会》旬刊，提出“建立民主的新社会”的政治主张。可惜不久《新

郑振铎母亲郭宝娟

郑振铎（右一）和北京铁路管理学校的同学合影

郑振铎所在北京铁路管理学校与邮电学校举行篮球比赛（左边坐地者为郑振铎）

社会》旬刊就遭到查禁。1920年8月，他们又创办《人道》月刊，仅出一期，也被迫停刊。1921年1月，他和茅盾、叶圣陶、耿济之等人发起成立早期很有影响力的进步文学团体——文学研究会，介绍、研究文学名著，整理古典文学。此外，他还同茅盾、欧阳予倩等组织民众戏剧社，并编有中国文学革命中第一个戏剧刊物——《戏剧》月刊。

1921年3月，郑振铎从北京铁路管理学校毕业，被分派到上海火车南站任见习站长。在工作之余，他主编了文学研究会会刊——《文学旬刊》。不久之后，经茅盾介绍，郑振铎辞去在火车站的职务，到商务印书馆编译所负责编辑文学研究会丛书。1922年中国最早的儿童刊物《儿童世界》创刊，由郑振铎担任主编。这份刊物可以说是儿童文学的启蒙。叶圣陶著名的童话《稻草人》便是在《儿童世界》上发表的。从1923年起，郑振

郑振铎（左二）和瞿秋白（左一）、耿济之（右一）等人的合影

中華民國八年十一月一日　新社會　（一）

新社會

中華民國八年十一月一號出版

北京社會實進會刊行

The New Society

1.

發刊詞

1919年11月，郑振铎和瞿秋白等人创立了《新社会》旬刊

毕业纪念册上的郑振铎

1921年3月底，叶圣陶（站者右）到上海，与沈雁冰（坐者右）、郑振铎（坐者左）、沈泽民（站者左）初次见面，一起畅游了半淞园并留影

1921年5月，郑振铎由沈雁冰（茅盾）介绍，到商务印书馆当编辑。这是他在该馆藏书楼涵芬楼前留影

铎接替茅盾主编对新文学有重大贡献的《小说月报》，同时在上海大学任教。1923年10月10日，郑振铎与商务印书馆总编辑高梦旦的小女儿高君箴结婚。二人的婚礼是当年上海文化界的一件盛事，瞿秋白代表宾客致贺词。

1925年五卅惨案发生后，上海各报只发了一条普通的短消息。对此郑振铎感到十分忧愤，因此与叶圣陶、胡愈之等人磋商后，邀集少年中国学会、文学研究会等十多个团体的代表，成立了上海学术团体对外联合会，并筹集资金以联合会的名义主编一份报纸，定名为《公理日报》，编辑部和发行所就设在郑振铎在宝兴西里9号的寓所里。6月3日《公理日报》面世后，通过新闻、

郑振铎在上海宝兴西里新居书斋中

1923年10月10日，郑振铎与商务印书馆元老高梦旦之女高君箴结婚

郑振铎与高君箴的婚礼在上海一品香酒家举行。夫妇二人在酒家楼顶平台与挚友瞿秋白（右二）等人合影

通讯、评论和读者来函等方式，揭露帝国主义的血腥屠杀，报道海内外支持五卅运动的情况，号召大家抵制英货。郑振铎还根据自己耳闻目睹的情况，写了《街血洗去后》一文，记述了五卅惨案发生的经过。但由于经费困难，加之受租界当局的威胁，《公理日报》于6月24日出版至第22期后被迫停刊。

1927年2月，郑振铎与叶圣陶、胡愈之等人发起成立上海著作人公会。公会积极参加了周恩来领导的上海工人第三次武装起义，成为临时革命政权——上海市民代表会议的成员。郑振铎还被推举为闸北区市民代表会议的执行委员。“四一二”反革命政变后，国民党大肆

郑振铎根据五卅惨案发生后目睹的情况，写成《街血洗去后》一文，发表在《文学周报》第179期

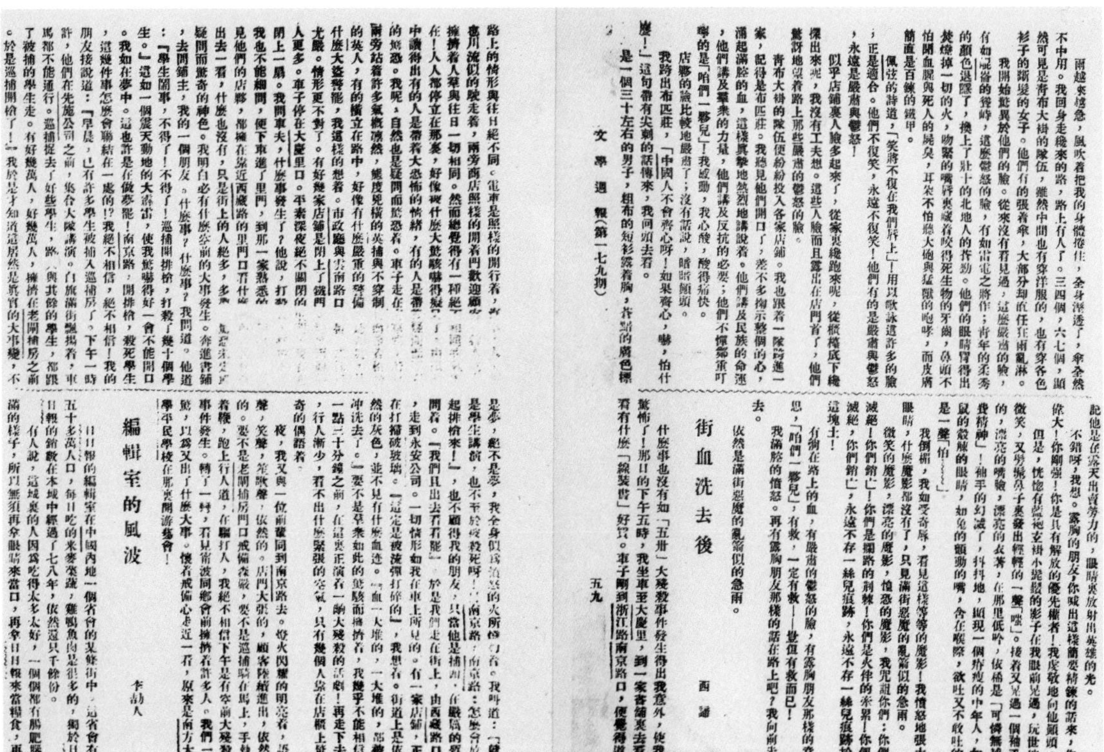
文學週報(第一七九期)

五九

街血洗去後

西諦

編輯室的風波

李勗人

公理日報

上海學術團體對外聯合會主編

停刊宣言

郑振铎在《公理日报》停刊号上撰写的《停刊宣言》

屠杀共产党人。郑振铎与胡愈之等人致信国民党当局，强烈抗议屠杀革命群众，为此险遭逮捕。郑振铎被迫远走欧洲，辗转避难法、英、意等国。在欧洲期间，他游学多国，进一步接触进步思想，同时研读古希腊、古罗马文学，大大开阔了眼界。1928年9月底，郑振铎回到上海，仍在商务印书馆工作，主编《小说月报》。

1931年，郑振铎接到时任北平燕京大学中文系主任郭绍虞的来信，请他去北平，担任燕京、清华两所大学的合聘教授。当时他正因作为编译所的职工代表与商务印书馆发生了劳资纠纷，与总经理王云五的矛盾日益尖锐。于是，他辞去了商务印书馆的工作，接受郭绍虞的邀请，携带家眷到北平任教。任教期间，他主编《文学月刊》和《文学季刊》，撰写了《插图本中国文学史》。1934年，在代理燕京大学国文系主任期间，郑振铎的《插图本中国文学史》受到燕京大学学生吴世昌的严厉批评，他便卷入燕京大学国文系人事纷争之中，部分学生发起了“驱郑风潮”。1935年2月，郑振铎愤而辞职。同年末，郑振铎再次到上海，任暨南大学文学院院长，同时为生活书店编辑《世界文库》，并参加“中国新文学大系”的编辑工作。1936年6月，他和周扬、茅盾、叶圣陶等人发起成立中国文艺家协会。同年10月，他和鲁迅、郭沫若、茅盾、叶圣陶等二十一人发表《文艺界同人为团结御侮与言论自由宣言》，提出新旧一切文艺派别联合起来，为抗日救国、言论自由而斗争的主张。1938年3月，他参加文艺界的全国性统一组织——中国文艺界抗敌协会，被选为理事。同时，他还参加过营救入狱共产党人的济难会的工作。

1931年夏，郑振铎代理燕京大学国文系主任，同时担任清华大学教授。这是他在北平与夫人、女儿的合影

1933年秋，郑振铎（左三）与夫人（左四）、女儿、岳父（左二）等游览北平西山

郑振铎与暨南大学中文系1937年毕业班合影

抗日战争爆发后，在上海沦为“孤岛”的一段时期内，郑振铎与张元济、张咏霓等人组织文献保存同志会，为国家抢救了《脉望馆钞校本古今杂剧》等大量珍贵古籍。上海沦陷后，郑振铎化名“陈世训”，与中共地下党保持密切联系，在极其艰难困苦的环境中坚持反日活动。他和胡愈之、周建人、许广平等组织“复社”，秘密出版进步书籍。

抗日胜利后，在中共地下党的支持下，郑振铎受生活书店负责人徐伯昕的委托创办《民主》周刊，任主编。这份刊物与当时的《周报》《文萃》一起，被誉为国统区的三大民主刊物。郑振铎还与马叙伦等人发起成立了中国民主促进会，为爱国民主运动奔走呼号。其间，他还创办了当时最大的文艺刊物——《文艺复兴》。

1949年年初，郑振铎响应中共中央号召，秘密离开上海，转道香港赴北平参加全国政治协商会议。同年4

1936—1949年，郑振铎一直居住在上海愚园路东庙弄44号。这里也是当时上海进步文化人士重要的活动场所

1949年年初，郑振铎（左二）转道香港，在香港达德学院与曹禺（右一）等合影

1949年2月在北上的轮船上，郑振铎与部分同行友人合影。一排左起：方瑞（曹禺夫人）、郑小箴、包启亚（包达三女）；二排左起：包达三、柳亚子、陈叔通、马寅初；三排左起：傅彬然、沈体兰、宋云彬、张絅伯、郑振铎、叶圣陶、王芸生

月，他出席了在捷克斯洛伐克首都布拉格举行的第一届世界保卫和平大会。7月，他出席了中华全国文学艺术工作者第一次代表大会，当选为文联全国委员会常委委员。9月，他当选为政协全国委员会委员。

新中国成立后，郑振铎被任命为中央人民政府文化部文物事业管理局局长，兼中国科学院考古研究所、文学研究所两所所长。1954年，被任命为文化部副部长，仍分管文博事业。他还曾担任过中国科学院学部委员、中国民间文艺研究会副主席、中国曲艺工作者协会理事等职，曾参加全国人民慰问人民解放军代表团到多地慰问驻军，曾多次率中国文化代表团出国进行国际文化交流活动及友好访问。波兰、印度、缅甸、捷克斯洛伐克、苏联、印度尼西亚等友好国家都留下过他的足迹。1958年10月18日，郑振铎率团前往阿拉伯联合共和国、阿富汗访问，途经苏联楚瓦什共和国时，因飞机失事不幸遇难，被中央人民政府追认为革命烈士。

1949年3月，郑振铎被选为出席世界保卫和平大会的中国文艺界代表。会议期间，郑振铎（二排右二）与丁玲（二排右四）、冯玉祥夫人李德全（三排左一）等漫步在捷克斯洛伐克首都布拉格街头

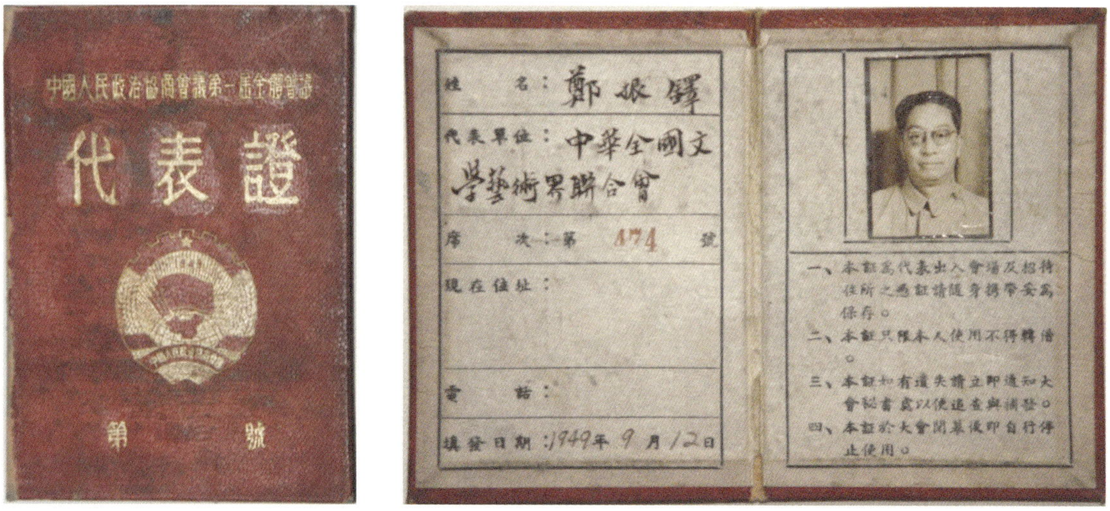

郑振铎的中国人民政治协商会议第一届全体会议代表证

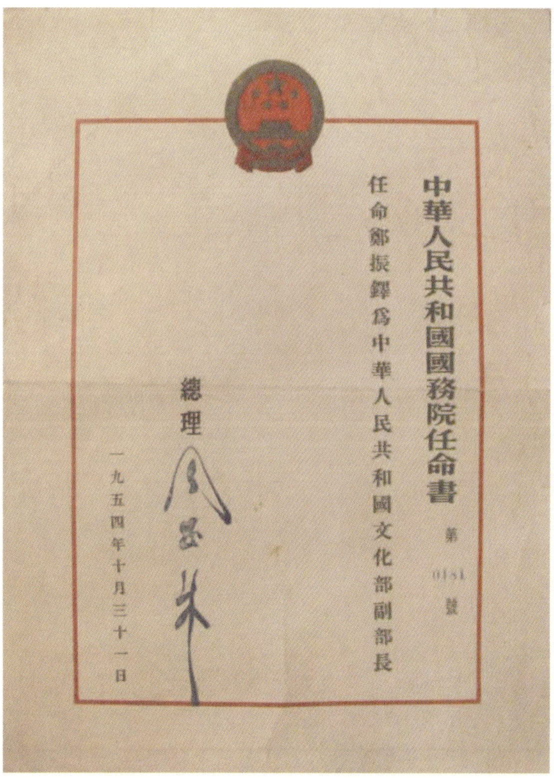

1954年10月31日，周恩来总理签署任命书，任命郑振铎为中华人民共和国文化部副部长

1951年9月，郑振铎率领中国文化代表团访问印度、缅甸。访印期间，郑振铎与印度总理尼赫鲁夫人等合影

1949年8月，郑振铎参加新中国首届政协的筹备工作期间，与文艺界其他代表合影。前排左起：艾青、巴金、史东山、马思聪；后排左起：曹靖华、胡风、徐悲鸿、郑振铎、茅盾

1955年7月，郑振铎率领中国文化代表团访问印尼。印尼总理沙斯特罗阿米佐约接见中国文化代表团

由苏联热沃隆科夫空军主帅护送的烈士骨灰，抵达北京时，夏衍手捧郑振铎骨灰盒，步出机场

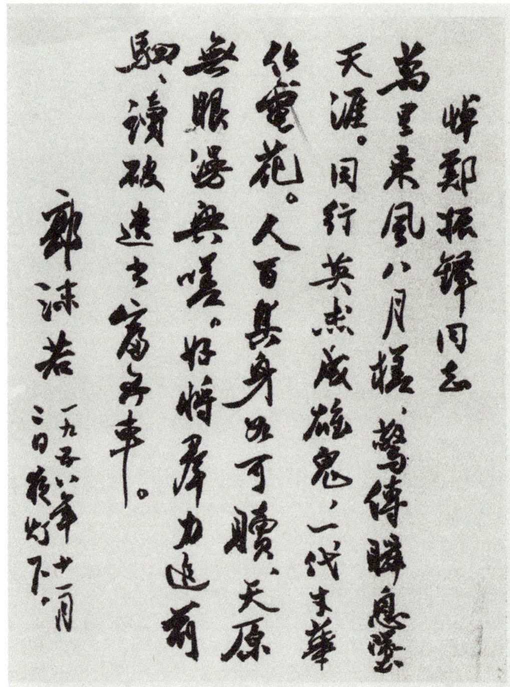

悼郑振铎同志

萬里來風八月槎，驚傳瞬息墜天涯。同行英杰成雄鬼，一代才華化電花。人百其身吾可贖，天原無眼漫興嗟。好將孱力追前駟，讀破遺書富五車。

郭沫若

一九五八年十一月二日夜灯下。

郭沫若为郑振铎遇难写的悼诗

革命烈士证明书

郑振铎同志 在革命斗争中 壮烈牺牲，经批准为革命烈士，特发此证，以资褒扬。

中华人民共和……部

一九八三年……二十日

为了追念郑振铎，毛泽东主席亲笔签署“革命烈士证明书”，追授郑振铎为革命烈士。这是1983年6月中国民政部统一更换“革命烈士证明书”后所换发的新证，原证书由民政部收回

二、郑振铎的文学成就

郑振铎是现代文坛的干将。他自小就有很好的文学功底，读中学时作文就很优异，常常被老师当作范文朗读。1919年，郑振铎开始陆续发表作品。他著作等身，共有近千万字的作品问世。其中被结集的诗歌有《雪朝》《战号》，散文有《蛰居散记》《佝偻集》《欧行日记》《山中杂记》《海燕》《短剑集》《困学集》《民族文化》等，小说有《家庭的故事》《希腊罗马神话与传说中的恋爱故事》《取火者的逮捕》《桂公塘》。他所写的《燕子》《别了，我爱的中国》《唯一的听众》《猫》《最后一课》曾被选入中小学教材中。此外还有译著《沙宁》《血痕》《灰色马》《飞鸟集》《新月集》《印度寓言》。

郑振铎《蛰居散记》中文版，1951年上海出版公司出版

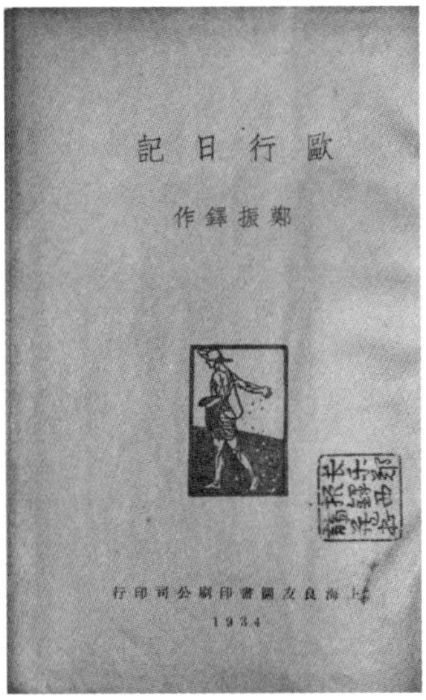

郑振铎《欧行日记》，1934年上海良友图书印刷公司出版

郑振铎散文集《海燕》，1932年新中国书局出版

郑振铎所写的小说数量不多，总共只有二十余篇，但特色鲜明。他所写的现实题材小说主要写的是家庭，但没有太多反封建的意义，叙写的仅是家庭内的平常琐屑之事，缺少重大主题，带着温和的色彩，少做批判，有意无意地模糊了小说、散文类型的界限。他所写的历史题材小说沿袭传统历史小说有虚有实的创作方法，但注重史实，因此显得不够活泼，颇为凝重。鲁迅就曾在一封信中批评《桂公塘》“太为《指南录》所拘束，未能活泼耳”。

郑振铎的散文涉及随感、日记、书信和游记等多种散文文体，不仅题材广泛、形式繁多，而且具有较深刻的社会内容和时代特征，为现代散文的革新和发展做出了贡献。他工诗能文，因此和许多有成就的散文家一

1959年上海文艺出版社出版的《桂公塘》

郑振铎翻译的印度诗人泰戈尔的《飞鸟集》

郑振铎翻译的俄国作家路卜洵的《灰色马》

样，把散文当作诗来写。托物言志，借景抒情，直抒胸臆，把这三者结合起来，是他的散文的一个重要特色。他的散文描写细腻，真率质朴，博识妙趣，情深意切，清新明净，又流露出深深的爱国之情和大无畏的斗争精神，因此有多篇被编入中小学语文教材。

在文学理论方面，郑振铎是文学革命初期“为人生”的文学的重要倡导者之一。他在《新文学观的建设》中指出：“文学是人生的自然的呼声。人类情绪的流泄于文学中的，不是以传道为目的，更不是以娱乐为目的，而是以真挚的情感来引起读者的同情的。”1921年6月，他进一步提出需要“血和泪的文学”的口号，

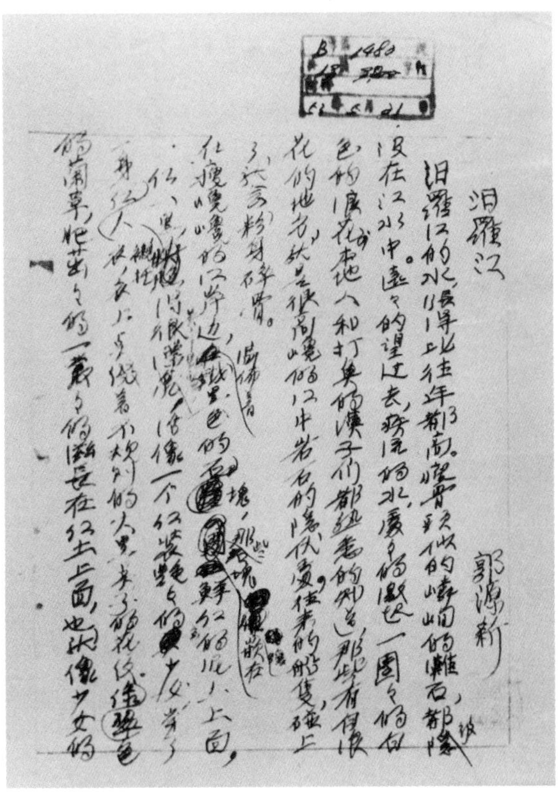
汨罗江
郭源新

郑振铎最后一篇小说《汨罗江》手稿

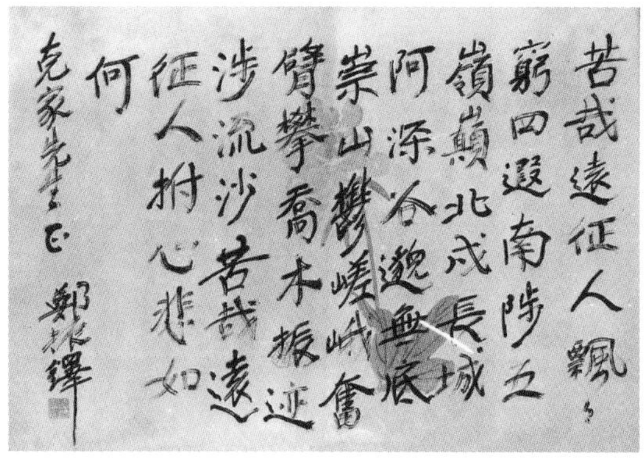

郑振铎赠著名诗人臧克家的诗

强调“在此到处是榛棘、是悲惨、是枪声炮影的世界上”，“我们所需要的是血的文学、泪的文学，不是‘雍容尔雅’‘吟风啸月’的冷血产品”，要求进步作家创作出“带着血泪的红色的作品”。从那时起，他一生坚持革命的现实主义文学理论，强调文学在社会改革中的功能，提倡文学为人民服务。

在文学研究方面，郑振铎于20世纪20年代初即提倡和从事中外古今文学综合的比较研究，较早提出和着手用新的观点、方法整理和研究中国文学史，特别是一贯重视民间文学和小说、戏曲的资料收集和研究，做了很多具有开拓性意义的工作，撰写了《俄国文学史略》《泰戈尔传》《文学大纲》《插图本中国文学史》《文探》《中国文学论集》《中国通俗文学史》《民族文语》《中国文学研究》等学术著作。

《俄国文学史略》出版于1924年，是中国这一领域的第一本专著，完整系统地勾勒了俄国文学发展史的基本线索，对介绍俄国文学，包括苏联文学，起到了积极作用。书中列专章介绍评述了别林斯基、车尔尼雪夫斯基、杜勃罗留波夫等人的文学理论，高度评价了高尔基的创作及其文学思想，在当时尤为难得。可以说，郑振铎是中国最早研究俄国文学的历史与现状的学者之一。

《文学大纲》出版于1927年，八十万字，分四大卷共四十五章，将中外文学史及其名著合在一部书中叙述。所述上起人类开化史之初叶，下讫20世纪前期中国新文学运动风起云涌之时，涉及古今中外诸多作家诗人和名篇名作。对于世界文学史上的著名作家，均做生平简介，而对于各种名著，既有故事梗概的简述，也对之做出简要的评论。不仅涉及文学，还兼及史学、古籍、文字、绘画等诸多领域。全书不仅富有较浓的文学史色彩，还兼具世界文学辞书的性质，开阔了文学工作者的眼界，可以使当时的中国读者对世界文学史概况有一个

郑振铎《文学大纲》

较为全面清晰的了解与认识。该书首次把东西方文学史平等而紧密地结合在一起，明确地摒弃了一般西方学者所持的“西方中心论”，而对东方国家的优秀文学遗产表现了同样的尊重和推崇。书中的数百幅插图起到了普及文学史知识的作用，在同类图书中十分少见。可以说，这是一部真正意义上的世界文学史，也是20世纪20年代最杰出的世界文学史和比较文学史巨著，是中国在世界文学史课题方面的开山之作，在介绍世界文学历史、加强中外文学交流和比较研究等方面都有过较大的影响。

《插图本中国文学史》的撰写，郑振铎在上海商务印书馆工作时便已开始。当时他已完成了《中国文学史》“中世纪第三篇上册”（1930年5月上海商务印书馆出版），但由于编辑工作杂务太多，进度缓慢。辞职北上，在燕京大学任教期间，郑振铎在完成繁重的教学

郑振铎的代表作
《插图本中国文学史》

任务以外，谢绝一切应酬，不分昼夜地奋笔疾书，仅用了一年左右的时间，洋洋八十万字的皇皇巨著《插图本中国文学史》（四册）于1932年12月由北平朴社出版了。在此书中，郑振铎首次收录了历来不为文人雅士们所重视的弹词、宝卷、小说、戏曲等所谓“俗文学”，占了三分之一的篇幅，以他独到的见解，为“俗文学”正了名，争得了应有的地位，堪称“前无古人”的壮举。同时，他精选了一百几十幅与中国文学有关的十分精美而珍贵的古代木刻画、名家绘画等作为插图，因此这部文学史被冠以“插图本”之名。此书一经问世，便在社会上引起了强烈反响。1932年2月，鲁迅在给曹靖华的信中，向曹靖华推荐的五种文学史著作中，便有《插图本中国文学史》。1932年10月10日，北平图书馆主办的《读书月刊》上发表了王以中推荐此书的文章，说它“是中国文化界和史学界很大的贡献”，并认为此书既是“历史的”，又是“批评的”，读后不但可详知中国文学的源流变迁，而且对研究各家文艺有重大帮助。赵景深在《我与文学》一书中，也赞扬此书材料新颖广博，叙述美丽流畅，尤其在小说、戏曲等方面，论述了别人从未见过的作品。日本的著名学者长泽规矩也在1933年3月的《书志学》杂志上介绍了此书，称赞作者对中国戏曲、小说“特别有研究”，并认为他所取得的成就，已超过了著名学者王国维。1935年的《人间世》杂志在学术界与读者界发起推荐“五十年来百部佳作”的评选活动，一些著名作家和学者如叶圣陶、夏丏尊、赵景深、陆侃如、冯沅君、章锡琛、王伯祥、徐调孚、周一鸿等人，都推荐了此书。

郑振铎还是一名卓越的文坛活动家。他组织、参加过多个文学社团，促进了中国新文学运动的发展。20世纪20年代初，郑振铎即带头发起组织了中国现代第一个最大的新文学社团——文学研究会。1928年年底，他作为重要发起人参与组织了中国著作者协会。这个组织实际上就是中国左翼作家联盟的前身。1935年年底，他作为核心人物参与了解散“左联”，成立新的“中国文艺家协会”的工作。1936年10月，他与鲁迅、郭沫若等人联名签署发表《文艺界同人为团结御侮与言论自由宣

1921年1月4日，中国新文化运动的第一个文学团体文学研究会成立。这是该会在北京中央公园（今中山公园）的来今雨轩举行成立会时的合影（后排左起第二人为郑振铎）

郑振铎与许多文坛巨匠结下深厚友谊。这是郑振铎（右二）与谢冰心（右三）、吴文藻（右四）等于1933年夏在北平的合影

1949年第一次全国文代会期间，郑振铎（中）与李健吾、曹禺、巴金、唐弢等相聚于北海公园五龙亭

言》。这个宣言可以说是第二次国内革命战争时期文艺界第一个大联合、大团结的文件，在现代文学史上有重大意义，而郑振铎作为这个宣言的起草人之一，为促进这个大联合、大团结做出了重大贡献。

郑振铎一生主编或参与主编了大量的文艺书刊，起到了对文坛的领导和组织作用。丛书方面有“文学研究会丛书”和“世界文库”；报刊方面有《小说月报》《文学旬刊》《文学月刊》《文学季刊》《文艺复兴》。这些刊物在中国现代文学史上，除了抗战中的几年外，一脉相承，都是各时期中国一流的刊物，对现代中国文学的影响之大，难以一言道尽。

郑振铎长期从事编辑和文学方面的工作，以发现和培养文学新人为己任，做了许多实际工作。同辈的作家中，不少得到过他的帮助。如郁达夫的第一篇小说、诗歌、散文、评论，是由他编辑发表的，而众多文坛知名

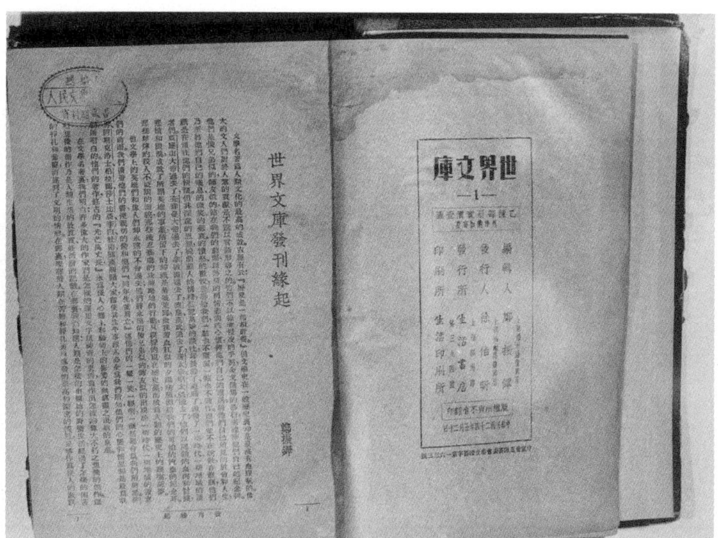

1935年春，郑振铎着手编辑大型介绍世界文学的刊物“世界文库”

作家，如老舍、许地山、黄庐隐、王任叔等人最早发表的作品，都是在他的帮助下问世的。稍后一点成名的巴金、夏衍、赵景深、许杰、傅东华、丁玲、胡也频、吴文祺等作家和文学工作者也都得到过他的帮助。著名学者季羡林说：“西谛先生对青年人的爱护，除了鲁迅先生外，恐怕并世无二。”

三、对文博事业的贡献

郑振铎是新中国文物、博物馆事业的主要奠基人和开拓者之一。早在20世纪20年代，郑振铎就开始注意和重视田野考古学。1928年，他编撰了《近百年古城古墓发掘史》，1930年由商务印书馆发行。这是最早向中国学术界介绍埃及、巴比伦、亚述、希腊考古发掘情况的著述。

旅欧期间，郑振铎参观了英、法、意等国博物馆，并根据有关资料，写了《近百年古城古墓发掘史》一书，1930年由商务印书馆发行

他痛惜祖国珍贵文物的大量流失，痛惜大批文物因为没有经过有系统、有目的的科学发掘而造成的损失，并且声言："谁要是有意于这种的工作，我愿执锹铲以从之！"

新中国成立初期，百废待兴，百业待举。郑振铎任中央人民政府文化部文物事业管理局局长，同时兼任中国科学院考古研究所所长和文学研究所所长，担负着组建国家文物行政管理机构和两所研究机构的繁重任务。1954年，郑振铎升任文化部副部长，并继续主管全国的文物、博物馆、图书馆工作，直至1958年10月不幸遇难。在他的精心筹划下，文化部文物事业管理局很快建立起来，开展各项工作，并取得重大成果。

在文化部文物事业管理局成立之初，郑振铎把法制建设放在了重要位置，针对当时严重的盗墓犯罪活动，在他的主持下，很快制定了《古文化遗址及古墓葬之调查发掘暂行办法》；针对当时文物、古籍图书严重流失国(境)外的情况，制定了《禁止珍贵文物图书出口暂行

郑振铎很早就开始关注文物保护和考古。1934年7月、8月间，郑振铎先后两次沿平绥铁路西行，进行考察。郑振铎（左三）等人西行考察途中，在平泉火车站受到绥远省主席傅作义的接待

郑振铎上任文物局局长当天，在团城承光殿前与文物局部分专家及科处级干部合影（前排左二为郑振铎）

办法》及《文物出口鉴定委员会暂行条例》。这些法规均由政务院明令颁发，有效地遏制了十分猖獗的盗墓活动及文物外流现象，保护了中国历史文物和珍贵图书，为之后文物法规建设奠定了基础。第一个五年计划颁布后，经济建设迅猛发展。为了解决基本建设与文物考古工作的矛盾，郑振铎与王冶秋组织有关人员调查研究，及时解决遇到的困难和存在的问题，总结处理基本建设和文物保护的实践经验，并及时向中央领导同志反映情况，提出建议。后来，由周恩来总理为文物工作确定了在基本建设中实施“重点保护，重点发掘”和“既对基本建设有利，又对文物保护有利”的“两重、两利”方针。这一方针的正确实施，极大地推动了文物保护工作，又保证了经济建设的顺利进行，至今仍是中国文物保护工作的重要指导方针。

在郑振铎的倡议下，文化部文物事业管理局相继组织了山西、山东、河南、河北、东北、西南地区的文物调查。其中，赴雁北文物勘察团的成员都是当时著名的文物考古学家和古建专家。他们先后调查了五台山、应县、朔县、大同等地，发掘了山阴古城，随后发表了《雁北文物勘察团报告》。这是新中国成立后文物考古学界的第一个科学报告，郑振铎亲自撰写了序言，给予热情的肯定。1950年，他请著名考古学家夏鼐、郭宝钧组织考古发掘队，对河南辉县春秋战国墓地进行了科学发掘，为此后配合经济建设开展考古发掘工作做出了示范。1954年，为配合洛阳城市建设，在郑振铎的安排下，又由科学院考古研究所、北京大学、文化部文物事业管理局和河南省文物工作队联合组成了发掘队，由著名考古专家裴文中、苏秉琦、安志敏带队，进行了有计划的考古发掘，确定了东周墓葬和汉墓类型分期的标尺，为新中国田野考古工作奠定了良好的基础。

为了提高田野考古和文物保护工作水平，推动学术研究，1950年，郑振铎主持创刊了《文物参考资料》。这是新中国第一本文物专刊，后改名为《文物》月刊，至今已出五百余期。1951年，他又主持了《中国考古学报》（1957年改名《考古学报》）的创刊，主要刊载田野考古发掘和调查报告、有关考古学理论和学术研究的

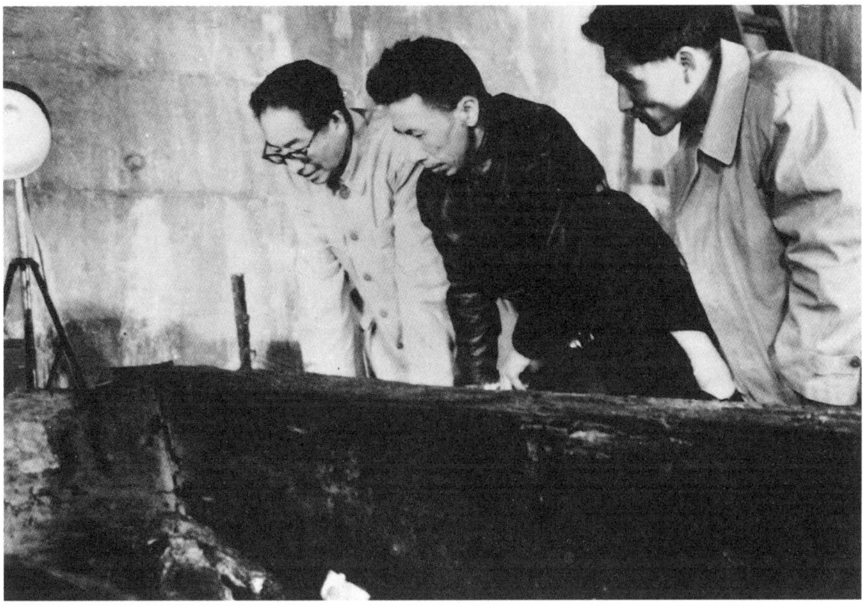

1956年5月至1958年7月，吴晗、郑振铎、夏鼐等主持了明定陵的挖掘工作。这是开棺时的一瞬（左一郑振铎，中为夏鼐）

1957年5月，郑振铎视察敦煌石窟，与敦煌文物研究所全体同志合影（前排右四为郑振铎，左一为敦煌文物研究所所长常书鸿）

论文。1955年，他又主持创办了《考古通讯》（后改名《考古》月刊）。现在《文物》《考古学报》《考古》已成为中国最权威的文物、考古专业的三大学术刊物，在世界范围内都有极大的影响。1957年，在他和王冶秋筹措下又创办了专门出版文物、考古书刊的专业出版社——文物出版社。

郑振铎十分重视博物馆建设。博物馆事业在中国的发展比较晚，直至1905年民族实业家张謇才以个人财力在南通创建了中国第一座博物馆——南通博物苑，此后又有一些资本主义国家和教会在中国建立了几个博物馆。直到1912年，中国政府才筹建了国立历史博物馆；1914年在故宫外朝成立古物陈列所，1925年才有故宫博物院的建立。新中国成立后，中国的博物馆稀少，藏品奇缺，为此郑振铎费尽心血。故宫博物院原藏的大量文物精品，大部分被国民党政府运往台湾。为了充实故宫博物院的藏品，郑振铎组织力量清查原藏文物，并广泛征集流失文物，从东北、天津征购故宫散逸绘画。他还亲自指导了故宫博物院绘画馆、陶瓷馆、雕塑馆的创建。在郑振铎指导下，对中国历史博物馆进行了改造，同时也先后着手筹建中国革命博物馆和中央自然博物馆。经周恩来总理批准，他还同王冶秋一起创办了新中国第一个人物性的纪念馆——上海鲁迅纪念馆。上海博物馆、上海图书馆也是在他的关心和推动下诞生的，从此结束了直到新中国成立上海没有公共博物馆、图书馆

1954年10月10日，徐悲鸿纪念馆开馆，郑振铎主持开馆仪式，并致辞

聂耳生平展览开幕式。前排右起：查阜西、李伯钊、夏衍、吕骥；后排右二李长路、右四郑振铎、右六周巍峙

的历史。

新中国成立初期，郑振铎就明确指出，博物馆“保存古文物，绝不是供给那些官僚、地主、买办资本家和封建学者们欣赏、摩挲之资”，博物馆要面向群众，服务群众，同实际生活联系起来，对群众宣传普及科学、文化、历史知识和进行爱国主义教育。为此他做了大量工作。他主持举办了“社会发展史陈列”“兄弟民族文物展览”“楚文物展览”等，特别是在故宫午门城楼举办了“在基本建设工程中出土文物展览”，观众达十余万人次，极大地增强了人们在基建中的文物保护意识。

郑振铎重视文博系统内人才的培养。新中国成立之初，文物考古人才严重匮乏，远不能满足实际需要。为了培养新考古人才，在郑振铎的主持下，并获得北京大学的同意和支持，由中国科学院考古研究所、文化部文物事业管理局和北京大学历史系三家联合，从1952年起连续三年举办了四期“全国考古人员训练班”，被称为考古界的“黄埔四期”。这四期学员经过系统学习培训和田野考古实践，大都成为文物考古工作中的骨干，或成为各地文物部门的领导，或被聘为研究员、教授，成为一代学者、专家。与此同时，在郑振铎和王冶秋同志的推动下，取得北京大学同意和翦伯赞的支持，创办了北京大学历史系考古专业。郑振铎还亲自在北大考古专业执教，考古专业的第一堂课就是郑振铎讲授的“中国美术史”。

郑振铎也有一些文博方面的著作。他对敦煌壁画与敦煌石室文献、石窟寺及故宫明清藏画、古籍文献整理等都有许多真知灼见。著有《基本建设与古文物保护工作》《域外所藏中国古画集》《中国历史参考图谱》《伟大的艺术传统图录》《中国版画史图录》等。《基本建设与古文物保护工作》一文，总结了新中国成立三年中文物工作的基本经验。《中国历史参考图谱》取精用宏，前无古人，后启来者，得到郭沫若、周谷城、顾颉刚、翦伯赞、吴晗等学术界人士的极高评价，为后来编辑出版其他图录做了开创性的工作。

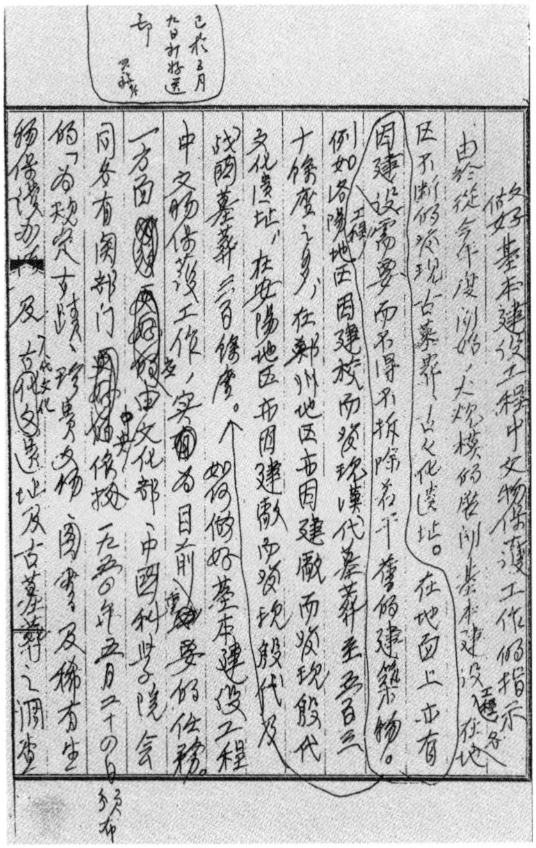

由郑振铎起草的《做好基本建设工程中文物保护工作的指示》的草稿

四、郑振铎的藏书与捐献

郑振铎是著名文物收藏家。他一生节衣缩食，为国家和人民积累了大量的精神财富。为了从事文学研究，在数十年的时间里，郑振铎几乎把有限的全部财力，用来搜集古书，几成癖好。他视藏书为“人生一乐”，立志搜读人间未见之书。叶圣陶回忆起他对藏书的热爱程度，描写道：“振铎讲究版本，好像跟一般藏书家又不尽相同。他注重书版的款式和字体，尤其注重图版——藏书家注重图版的较少，振铎是其中突出的一位。就书的类别而言，他的搜集注重戏曲和小说，凡是罕见的，不管印本抄本，残的破的，他都当作宝贝。宝贝当然是可遇而不可求的，往往在书铺里翻了一通，结果却一无所得。他稍稍有些生气，喃喃地说：‘可恶之极，一本书也没有！’满架满柜的书，在他看来都不称其为书……”

从中学时代起，每当看见同学购得好书，郑振铎都欣羡不已，总要借来抄存。20世纪20年代中期，他在上海商务印书馆工作时，经常光顾四马路中段的旧书铺。游学避难欧洲期间，他几乎每天到巴黎、伦敦的图书馆、博物馆搜寻流落海外的古籍，达到了废寝忘食的程度。抗战期间，江南地区大批古籍或被日军劫掠，或毁于战火。许多藏书家为维持生计，只能出售所藏，因此大量珍贵古籍散入上海旧书市，大量古籍由此流失湮没。许多善本书成为一些市侩书商猎取的目标，重价转

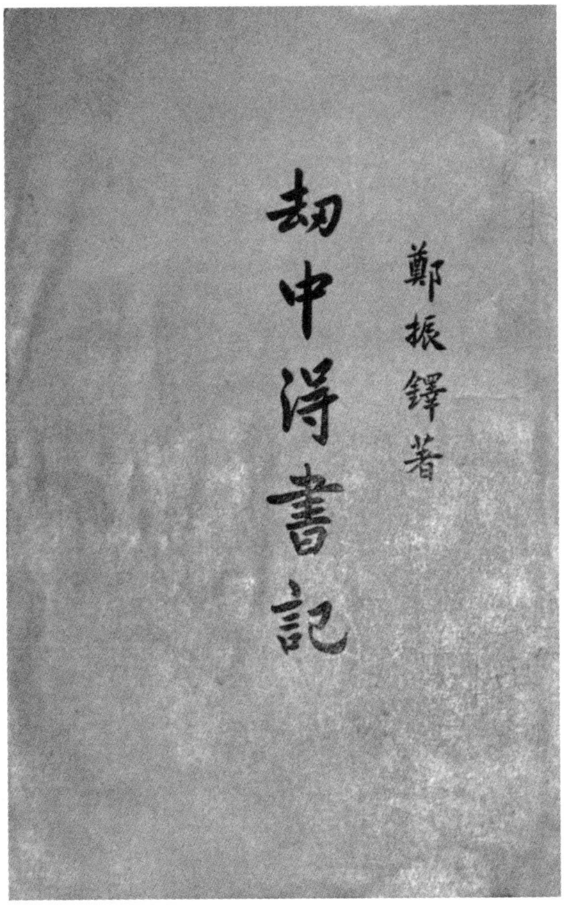

抗战初期，郑振铎和张元济等人组成文献保存同志会，为国家抢救保存了大量珍贵古籍文献。抗战胜利后，他写了《劫中得书记》，详述此事

卖给美、英、日、德等外国人。身在上海的郑振铎亲历了这场文化劫。他在《劫中得书记》中激愤地写道："私念大劫之后，文献凌替，我辈苟不留意访求，将必有越俎代谋者。史在他邦，文归海外，奇耻大辱，百世莫涤。"他曾与上海几家大的古旧书店打过招呼，如遇到好书，请先通知他。他和一些朋友，竭尽全力收购流散的古籍珍本，为国家抢救了大批珍贵古籍文献。特别值得称道的是，他历尽艰难，极力搜购到了堪称国宝的稀世孤本《脉望馆钞校本古今杂剧》。

《脉望馆钞校本古今杂剧》共六十四册，包含有二百四十二种杂剧，其中近一半是湮没了几百年的孤本，是收录古代戏曲最多的珍本秘籍，是研究元明杂剧及其作者的重要资料。初为明代藏书家赵琦美根据明代宫廷演出本（内府本）和东阁大学士于慎行之子于小谷的本子所抄，收有元明杂剧二百四十二种，其中十五种配以明息机子本，还有五十五种配古名家杂剧，均经赵氏本人校跋。成书后藏在其兴建的脉望馆藏书楼中。赵琦美死后，大部藏书归常熟大藏书家钱谦益。清初钱谦益藏书楼绛云楼不慎失火，这部书幸存了下来，后归钱谦益族孙钱曾。钱曾《也是园藏书目》录有大批戏曲书，主要是赵琦美的抄校本。此后又经季振宜、何焯、黄荛圃等人递藏。黄荛圃名目录上定名为“古今杂

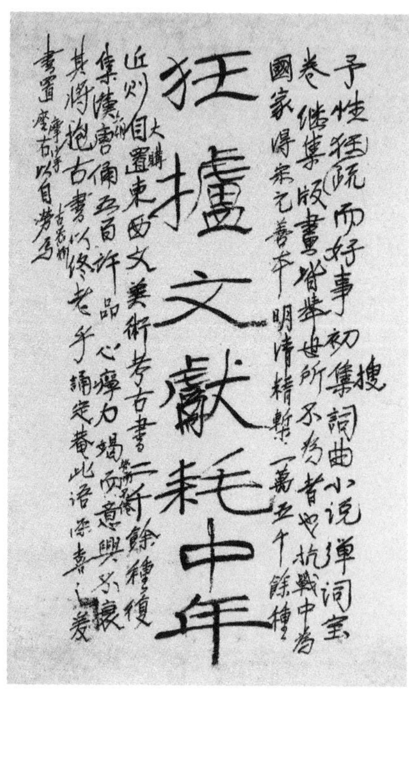

1949年，郑振铎录龚自珍诗赠他的学生方行，表达了挽救古籍文献的不易

剧”。其后，此书又先后在汪士钟艺芸精舍、赵宗建旧山楼、丁祖荫缃素楼收藏。抗战期间，丁祖荫在苏州的住宅被日军侵占，藏书散失殆尽。此书随同家具等被旧货商人购去，古书又被转卖到旧书店。

1938年5月，郑振铎得到消息说苏州某书商发现了三十二册元明杂剧，有刻本，也有抄本，据说书是从常熟丁祖荫家散出的。这套元明杂剧正是他自1929年就开始寻觅的六十四册也是园藏古今杂剧中的部分。当郑振铎四处筹款想要买下时，又传来消息说书商孙伯渊将六十四册杂剧全都收入手中了。孙伯渊手中的书成完璧，以为奇货可居，声言绝不出售。郑振铎不甘失之交臂，请人与孙伯渊议价。孙伯渊声称非万元不售，而且必须立刻商定，否则将要他售。如此巨款，非郑振铎个人之力所能为，因此他联系北平图书馆馆长袁守和、教育部的卢冀野，希望北平图书馆能收购或教育部能出资。但北图说无法支付如此巨款，幸亏教育部来电说愿意买下。郑振铎极为兴奋，立即与孙伯渊交涉，经过三天的讨价还价，终以九千元成交。郑振铎向同事借款，先行垫付了一千元定金，并约定二十天内将全款付清。但教育部的钱款迟迟未到，郑振铎担心交款延误，孙伯渊会毁约，无奈下向当时代理暨南大学校长的商学院院长程瑞霖借款，才终于将书购回。教育部的书款过了两个多月才汇到上海，幸亏郑振铎支付及时才最终使这套珍贵的古籍得以留存国内。后来郑振铎对这部书做了深入研究，定名为《脉望馆钞校本古今杂剧》，还撰写了一篇长达三万余字的跋。该书的问世，被认为是重要程度仅次于敦煌石窟经卷和西陲汉简的发现。

在收集古书的过程中，郑振铎深感个人力量的有限。他曾在某书店看到明代活字本《诸臣奏议》，店主索价九百元，但他无力购买，只能眼见被北平来的书商买走。从北平来上海购书的书商大多将这些书卖给了汉奸官僚，或是华北交通公司之类的敌伪机关，以及哈佛燕京学社之类的美国文化机构，最终使这些书流失海外，甚至湮没消失。这使郑振铎忧心如焚，迫切希望能组成一个团体，共同抢救江南古籍。于是他联合商务印书馆董事长张元济、私立光华大学校长张咏霓、暨南大学校长何伯丞，联名给重庆教育部和中英庚款董事会等写信，痛陈江南文献遭劫的危急状态，强烈要求当局拨款予以抢救。郑振铎等人的呼吁得到了教育部部长陈立夫等人的支持，决定动用抗战前中英庚款董事会拨给南京中央图书馆的建筑费计法币一百余万元用于抢救古籍。

1940年1月19日，由郑振铎、张元济、张咏霓、何伯丞、张定璜等人组成的文献保存同志会在上海成立，决定对外以暨南大学、光华大学、涵芬楼的名义购书。原则上以收购藏书家的书为主，未售出的尽量劝其不售，不能不售的则出资收购，决不能任书店、书商分散零售或流落国外。具体分工是，郑振铎与张定璜负责追寻，张元济负责鉴定宋元善本，张咏霓和何伯丞负责保管经费。首先以一万七千元收购了孙伯渊所藏苏州玉海堂的一大批藏书。接着又以五万五千元收购了苏州邓氏群碧楼藏书近四万册。这两次收购震惊了上海及江南各地书肆，书商们不敢与之竞争，使抢救工作得以顺利进行。此后，又以三万一千五百元购下邓氏风雨楼藏书，斥巨资收购了张氏适园藏书，以二十五万元购得刘氏嘉业堂所藏明刊本一千二百余种。至1941年4月上海沦陷，文献保存同志会以不到百万元之款抢救了大量珍贵文献，凡散出的古籍，大都归为国有，此功之巨，不可不表。

据统计，郑振铎所藏图书，除外文书和中文常见旧版和新版书外，共达七千七百四十种。这其中除陶渊明集、杜诗、佛经等数种宋元版书外，以明清版居多数。从数量和质量论，他的藏书在现当代藏书家中首屈一指。在《古籍的搜集与保存》一文中，郑振铎认为古籍的搜集与保存“见应博，收应广，心胸应阔大。不宜有成见，不宜具歧视之心。我以为无用之物，他人或将珍之白帛。故有力者之收书、藏书，以广、以博为主。私人之偏嗜者不妨收精品，收宋元，收抄校；而公藏则允当无所不包也”。正是出于这种观点，郑振铎藏书的范围十分广泛，从诗经、楚辞，到戏曲、小说、弹词、宝卷、版画和各种政治经济史料等无不收藏，尤其是众多藏书家并不注意的戏曲、小说、宝卷、弹词之类的俗文学作品，他收得最多。“收藏，保存而成一大聚，然后乃可言整理，乃可言研究。”他所著的《插图本中国文学史》和

《中国俗文学史》即得力于他丰富的书籍收藏。

在文艺类书籍的收藏中，他不但重视作家个人的别集，还特别强调汇集多人作品而成的总集的作用。他认为总集类书籍不但保存了很多古代文献，可和各家别集互相比勘，取长补短，而且还可看出各个历史时期文学流派的特色和选家的批评倾向，如汉魏六朝文学，除了各家别集和薛应旗、汪士贤、张燮、张溥等编校的各家别集丛书，还兼收南朝萧统《昭明文选》各种版本三十三种，南朝徐陵《玉台新咏》各种版本八种，以及明人冯惟讷、刘成德、张之象、张谦、曹学佺等编选的总集，对唐宋以后和近代文学亦是如此。郑振铎还特别留意于地方艺文类书籍，先后收得二百余种，其中不少是长期被人们忽视的。

郑振铎收藏的明清诗文集数量相当可观，而且大部分是僻书。唐宋以来词人的著作，有明代夏言所撰

郑振铎所著《中国俗文学史》，1938年商务印书馆出版

的《桂洲词》、夏旸所撰的《葵轩词》、陈德文的《建安诗余》，更有明嘉靖年间四川嘉定九峰书院所刻的金代元好问编的《中州乐府》，字大如钱，刻工粗犷而质朴，还有明代石村书屋抄本《宋元明三十三家词》，前后有清初浙西派词人朱彝尊“竹垞”印，又有亲笔题识和眉端评语。后两种藏书弥足珍贵，是郑振铎收藏中的两朵奇葩。

郑振铎对戏曲类书籍的收藏开始很早。在少有人注意戏曲的20世纪20年代和30年代，他已经开始收藏。所收戏曲书在他的藏书中占的比重最大，尤其是明版插图本的戏曲书，更是出色。1939年前他曾把收藏的精本编为《西谛藏曲目》出版，其中珍本不在少数，如明正德刘龙田本《西厢记》、明万历玩虎轩本《琵琶记》、明万历浣月轩本《蓝桥玉杵记》、明后期刻印的《紫箫记》和明崇祯孟称舜编定的《酹江集》《柳枝集》。抗战期间，郑振铎为生活所迫，曾将所藏部分出售，后又收集补充。除《西厢记》《琵琶记》、“临川四梦”等著名曲本不嫌重复，有见必收外，其他如施惠的《幽闺记》、苏复之的《金印记》、姚茂良的《双忠记》、徐霖的《绣襦记》、屠隆的《昙花记》、史磐的《鹣钗记》和无名氏的《破窑记》《鹦鹉记》《四美记》《异梦记》等都有版式精美、插图工致的明刻本。1953年起，在郑振铎的倡导和主持下，开始印行《古本戏曲丛刊》，共印出了四集，其中收入的很多书都是据他的藏书影印的。

郑振铎对历代短篇和长篇小说的收集丰富而系统。他很早就开始研究“三言”“二拍”等平话体小说和《三国演义》《水浒传》《西游记》《岳传》等故事源流。所藏小说中最负盛名的明版《忠义水浒传》，是他1931年同朋友到宁波在林集虚大酉山房的书架上发现的，他认为是嘉靖年间的刊本，是当时所有《水浒传》刻本中最早的，几年后在书友的帮助下买到其中的五回，1958年北京图书馆又在上海购回其他三回。前后三次购书，历时近三十年才将一套书收齐，不可不谓用心良苦。

郑振铎对于宝卷、弹词、鼓词等讲唱文学的收集，既早而又齐全。他曾编了一个自藏的弹词目录，登在《小说月报》中国文学专号上，还编了宝卷和鼓词的目录。宝卷中有明写彩绘本《目连救母出离地狱生天》宝卷和嘉靖刊本《约师本愿功德》宝卷，他认为这是流传最早的两个宝卷。弹词中名作尤多，《三笑姻缘》《玉蜻蜓》《珍珠塔》等都有藏本。还藏有弹词女作家的作品，如清陶贞怀的《天雨花》、邱心如的《笔生花》等。鼓词中也有不少罕见者，如福州本《荔枝陈三歌全传》《潘必正陈妙常村歌》、潮州本《双白燕》等，还有各种南音和时调唱本。这些民间艺人的创作，若没有他的搜访发掘，恐怕早已湮没无闻了。

郑振铎对于政治、经济史料，也留意收集。如明天启年间刘锡玄的《黔牍偶存》，是明代万历末年统治阶级镇压贵州少数民族农民起义的记录。又如明末程任卿的《丝绢全书》，是反映明代上层统治者对徽州农民进行剥削压榨的珍贵文献。其他如明崇祯朝《缙绅便览》《北新关商税则例》《闽海关则例》和明代坊本《万事不求人》、《四民备观翰府锦囊》等书，都是罕见而有价值的参考资料。

郑振铎对历代版画书籍也有丰富的收藏和深邃的研究，为中国版画史的研究留下了珍贵史料。他最初为研究小说、戏曲，开始对一些木刻、石印或铅印本书中的插图感兴趣，后来觉得所得明刊本书中的木刻插图可称得上是上乘的精美艺术品，因此开始着力收集有插图的明刊本书。1931年，郑振铎在书市上得到了从“佛藏”中掏取出来的古刻本佛、道经二百多种，时代从宋元到明嘉靖都有，从此更加强了他在中国古代版画艺术方面进行收购、整理、研究、影印传世的决心。他所收的精品多是流传极少的珍本，如明万历年间由画家丁云鹏为徽州黄氏刻工提供画稿刻成的《程氏墨苑》的彩色印本，是明代版画中的杰作，非常少见。此外还有彩印的《花史》一书，代表了早期彩色版画面貌。他还藏有明崇祯年间胡正言编印的《十竹斋画谱》和《笺谱》，均是中国古代版画艺术中的杰出作品。此外，还收藏有清康熙年间刻印的《芥子园画传》等精美藏本。他还注意收集线装插图，凡是木刻书中有插图的他都广收不弃。

郑振铎藏书眼光独到。在《劫中得书记》中，记载了他曾在上海来青阁书庄看见一本元代陈澔著的《礼记集说》，为明代万历年间刻本，但版式奇怪，书中每页上半部均是空白。书商杨寿祺认为空白处无用，准备裁去，将所得的纸用于修补其他的书。郑振铎见此书"首有'凡例'数则，述所据之'校雠经文'及所'援引书籍'，通行本所未见。末页附一图，图绘数鲤向龙门跳跃状，殆坊贾用以祝颂士子者"，怀疑此书是"高头讲章"本，认为值得收藏，便"亟救取之"。后来拿去给清代著名藏书家向山阁主人陈仲鱼的后裔陈乃乾共同鉴赏。陈乃乾见状，认为上端空白，是"高头讲章"，是后人有意把这上半部分留出来不印文字的，二人所见略同。

郑振铎为了购书，往往倾囊不吝，践行"保存一代文献"的心愿。但"一•二八"和"八一三"两次兵火之灾，使他寄存于岳父高梦旦家和开明书店图书馆的藏书大半化为飞灰，劫乱幸存者寥寥，二十年的心血，毁于一旦，让他痛心不已。因此，如何将所藏永世保存下来，成了他的一块心病。

新中国成立后，郑振铎萌生了把所藏捐献给国家，由国家保存的愿望。1958年郑振铎遇难后，其家属遵其遗愿，将他的近十万册珍贵藏书，全部捐献给了国家，后拨交北京图书馆（即今中国国家图书馆）庋藏。这是郑振铎捐献文物中价值最高的。北京图书馆接受这批藏书后，经初步整理，于20世纪60年代已开始将其供科研工作者参考，帮助了很多从事文学、艺术、历史、考古

褒獎狀

高君箴同志暨其子女
鄭小箴鄭爾康同志繼承
鄭振鐸同志畢生為文化
服務的精神將其生平收
集的中外文圖書全部捐獻
國家除在北京圖書館設
立專藏外對高君箴同志
等化私為公的精神特予
表揚並責紀念此狀

中華人民共和國文化部
部長 沈雁冰
一九五八年十二月五日

郑振铎因公殉职后，其夫人高君箴及子女将郑振铎所藏近十万册古籍图书全部捐献给国家，收藏于北京图书馆（现中国国家图书馆）。这是文化部部长沈雁冰签发的“褒奖状”

北京图书馆根据郑振铎家属捐献的全部藏书编辑出版了《西谛书目》一书（文物出版社出版）

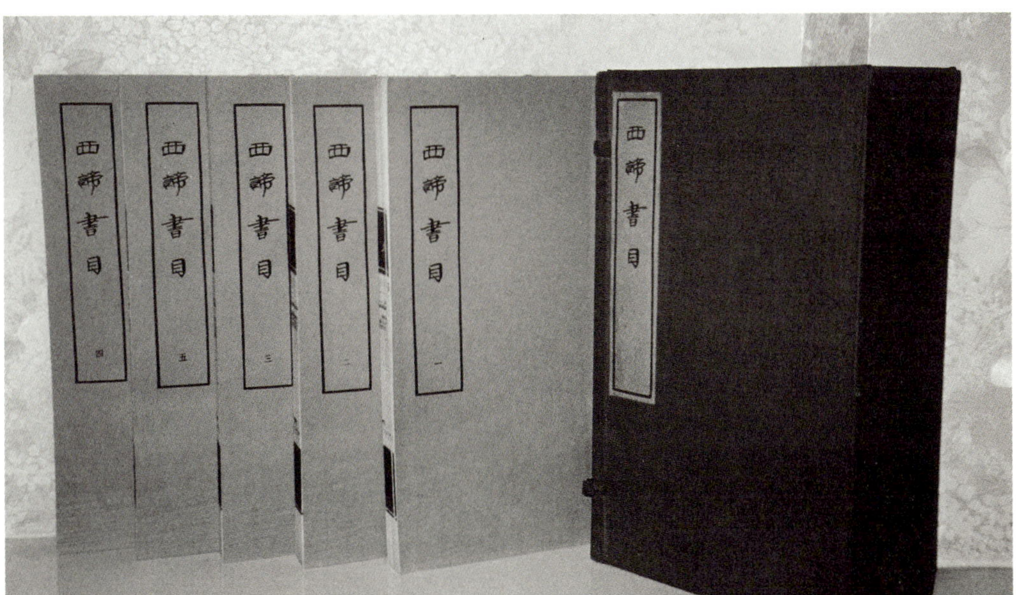

和社会科学其他方面的研究工作者。

1963年文物出版社出版了《西谛书目》，对郑振铎捐献的藏书做了总结。《西谛书目》所收以郑振铎藏书中的线装书为主，总计达七千七百四十种，外文书及通行常见的旧版书和新版书均未列入。藏书的主要类别有历代诗文别集、总集、词集、戏曲、小说、弹词、宝卷、版画和各种社会经济史料等，范围十分广泛，这也反映了郑振铎对学术领域的接触面之广。其中宋、元、明、清各代刻版俱有，而以明、清版居多数，手写本次之。就数量和质量论，以一人之力搜集如此之富，在当代私家藏书中，可算是屈指可数的。

五、郑振铎的藏俑与捐献

郑振铎收藏的唐三彩骑马女俑

郑振铎搜集陶俑，是与藏书同时开始的。大约在1921年在商务印书馆工作时，偶然的一天他发现了几件精美的陶俑，要价不高，便买了下来。抗战胜利后，郑振铎着手编印《中国历史参考图谱》。他搜罗大量有关古代器物的书籍，见其中多载有古代陶俑瓷器，觉得它们对研究古代文化生活大有用处，就萌生了集俑的念头。

郑振铎收集陶俑的一个重要原因是眼见陶俑继书画、善本古籍后，又成为国外抢购的目标，源源不断地流入海外。清末民国时期，时局混乱，盗墓事件频繁发生，上至军阀官员，下至平民百姓，都参与盗墓。由盗墓而出土的文物数量惊人。仅以青铜器为例，据估计，民国前三百年文物的出土量也没有民国期间三十余年出土的多。被盗毁的古墓数量惊人，如洛阳一带，民国年间约有五万座古墓被盗，盗走的文物达五十多万件。销赃方面出现了产业化现象，国际文物走私猖獗，流失严重。据保守估计，流失海外的中国文物达一千多万件，其中绝大部分都是盗墓出土的。在这种乱象之下，中国在文化上遭受了前所未有的劫难。郑振铎眼看市场上流散着大量从古墓中出土的各类陶俑，且价格不高，可是当时国人很少问津，而外国人买了很多，古董商人也纷纷收购盗运出国。在致周恩来总理的一封信中，郑振铎说："汉魏六朝隋唐各代古墓出土之陶俑，尤为国外公私收藏家收购的目标。帝国主义者和盗墓匪、古董贩子们互相勾结，物一离土，便做出国的打算。而国内收藏者，注意及此者极少。他们每以'俑'为不祥之物，听任流散。"郑振铎认为"汉唐古画，今已绝不可得，而与古画有同等重要性的雕塑，则尚不难得，且为值亦尚低廉"。为了减少这些文物的外流，郑振铎尽量收购一些。他以一介清贫书生四处奔波，不惜举债与实力雄厚的国外公私收藏机构相争，直言："但我很穷，是举乃大类愚公移山。时时有举鼎绝膑之虞。负债累累，至今未能清偿。然亦从帝国主义者夺回不少好东西。"为此，他不得不拼命撰写和翻译文稿，以偿还巨额的债务。

为了收集陶俑，郑振铎从来不惜花钱。据说有一次他去苏州，无意间进了一家古董店，被一尊童俑吸引住了。据他记载："此童俑姿态活泼，汉式俑中之最上品也。头部前发作刘海式。一手持一小鸟，一手牵衣作步行状，衣褶柔和，表情逼真。"店家要价很高，经几番讨价，最后倾囊中所有，才买下这童俑。回到客栈后发现，连回上海的路费都没有了。后来找到了本地的一位旧友，才解决了路费问题。类似这样的事，据说还有过多次。一旦收到满意的陶俑，他便极感兴奋。1948年1月的一天，上海兼做古董生意的书商韩世保，带来两只汉俑给郑振铎。当时，郑振铎正在编纂《陶俑图谱》，看后当即购下，在当天的日记中写道："今日'俑'运、'书'运之好，大可贺也！"

从1947年春到1948年冬近两年间，郑振铎在上海共集得从汉魏到隋唐的陶俑近五百件。他的书斋里，架上、架下，乃至地上，都摆满了各式的陶人、陶马、陶屋、陶兽。"有人说，这屋子大有泥土气，有的说，'如入墟墓'"，他毫不在意。在他的这些收藏中有些精美绝伦的作品，足为中国雕塑艺术最好的代表作。郑振铎还请来摄影师，为这些陶俑都拍了照。1948年秋天，郑振铎编印《中国古明器陶俑图录》，其中除一小部分取材于外文书籍及国内各公私收藏家的收藏外，大都是他本人的收藏。

新中国成立后，许多爱国民主人士向国家捐献文物、图书。身为文化部文物事业管理局局长的郑振铎积极倡议举办展览会，一是请各界人士观赏，表彰褒扬捐

郑振铎生前将他收集的全部陶俑编成《中国古明器陶俑图录》一书

献者的爱国义举；二是通过展览，教育更多的人关心、支持文物保护工作。1950年年初，安徽的刘肃曾捐献青铜重器虢季子白盘。抗日战争时期，刘氏家族为避免日寇掠夺，将这件清道光年间在陕西出土的极为重要的历史文物，埋藏地下，坚拒外国人的重金收购，新中国成立后主动捐献给国家。郑振铎为此举办了特展，对刘肃曾的爱国之举大力表彰。这大大推动了文物征集工作的开展。

由于担任文化部文物事业管理局局长，郑振铎对一些博物馆藏品种类存在缺项的局面了然于心。他见首都各博物馆所藏内容极为空虚，雕塑方面的藏品尤为缺失，而自己的所藏陶俑于他个人而言并无多大用处，因此萌生了将自己收藏的全部陶俑捐献给国家的想法。1952年6月16日，他写信给周恩来总理，提出将个人收藏的全部陶俑捐献给中央人民政府，将这些文物陈列于

新中国成立后，一些爱国人士将珍藏的文物、古籍献给国家。这是在团城上举行的一次捐献仪式。左起：郑振铎、马衡、王冶秋、郭沫若、熊述匋（文物捐献者）、周扬、沈雁冰、丁西林

博物馆中，一方面弥补博物馆藏品之不足，另一方面也可以裨益科学研究。周恩来当即指示文化部办理此事，并对郑振铎这一爱国举动表示赞赏。

1952年9月14日，郑振铎捐献的六百五十五件文物被拨交故宫博物院。这批私人收藏品纵贯汉、魏至两宋一千四百多年的历史，时间跨度长，品种丰富多样，仪仗、宴乐、出行、狩猎俑无所不包，俨然一幅展开的古代社会生活画卷。其中一件体积较大、名为唐三彩骆驼的陶俑是一级国宝。据郑振铎之子郑尔康介绍，这是郑振铎当年用十二两黄金从民间一名医生手中购得的。由于当时只能凑足十两黄金，这件陶俑就一直抵押在私人收藏家手里，直到新中国成立后郑振铎写信给周总理，才由政府把余额付清。

为纪念这位现代著名作家、考古学家、藏书家，卓

越的社会活动家，杰出的民主战士，近年来党和政府举行了许多纪念活动。郑振铎家乡的人民为纪念郑振铎的历史功绩，缅怀他的爱国、爱家乡的赤子之心，在福建闽江入海口建立了郑振铎公园。1998年12月10日在福建省长乐市举行了郑振铎一百周年诞辰纪念大会及郑振铎学术研讨会。2001年9月15日，郑振铎母校北京交通大学举行了郑振铎铜像落成揭幕仪式。2002年12月19日，上海市文物管理局在郑振铎抗战期间蛰居的寓所（今上海高邮路5弄15号）前，举行了郑振铎故居挂牌仪式。

画家柳成荫为纪念郑振铎一百周年诞辰而作的画像

2004年4月28日，“郑振铎捐献陶俑特展”在故宫博物院斋宫开幕。同年12月郑振铎纪念馆在福建省长乐市博物馆开馆。这些活动唤醒了人们对郑振铎先生的记忆，同时激励了人们以其为榜样，发扬爱国、奉献精神。

福建省长乐市郑振铎纪念馆展厅中的郑振铎书房，陈列家具均为郑振铎家属捐献的郑振铎生前所用实物

2004年4月28日上午，“郑振铎捐献陶俑特展”在故宫博物院斋宫开幕

郑振铎捐献的陶俑

灰陶士兵俑

西汉

高48.3厘米

现藏故宫博物院

明器。直立，发髻绾于脑后，外系兜盔。五官端庄清秀，表情持重。俑左臂自然下垂，右臂弯曲前举。从手的形状推测原应握有兵器。身穿及膝战袍，战袍下摆收口，呈喇叭筒状，足蹬长筒靴子。背后挂长方形箭箙。

西汉时期随葬的陶俑以兵马俑为主。各地发现不少这一时期的兵马俑墓葬，如陕西咸阳杨家湾、阳陵、长陵兵马俑墓群和江苏徐州汉兵马俑墓群等。

灰陶男立俑

西汉

高58.3厘米

现藏故宫博物院

明器。表情严肃，目视前方。双臂弯曲，双手半握拳。身着交领三重长衣，最外层较短，原有红彩多数已经脱落。下穿裤，足着浅鞋。

灰陶是颜色呈灰色或灰黑色的陶器。自距今五千八百年至六千多年的仰韶文化开始，到龙山文化以及夏、商、周、春秋、战国和秦汉，均有灰陶。陶器在窑中烧到后期，陶土中铁的氧化物大部分转化为二价铁，于是陶器的胎体呈灰色或灰黑色。灰陶除了做生活用具外，还用来烧造砖瓦、排水管道等建筑材料和殉葬明器等。

灰陶女立俑

西汉

高60.5厘米

现藏故宫博物院

明器。头发从中间分开，头微低，眼睛低垂，神态恭敬，双手放于腹前，身穿侧开襟长袍。

陶俑是指坟墓中陪葬死者的陶质人形，有时统称为明器。出现于春秋战国，盛行于汉唐，延续至辽、金、元，明、清仍有遗风。商、周时期用活人殉葬，春秋战国后逐渐用模拟活人的俑来代替，出现了木俑、漆俑、陶俑、铜俑、铁俑等，其中彩绘陶俑最多。此器的整个形象造型简洁、概括，充分地表现出人物的内在神韵，体现出当时雕塑水平所达到的高度。

灰陶女立俑

西汉

高53厘米

现藏故宫博物院

明器。头发中分，向后绾，发梢处打结。眉目清秀，鼻梁高直，嘴微闭。双手上举，衣袖宽大。身穿三重右衽衣，下呈喇叭形，遮住脚面，起稳定作用，同时给人舒展之感。

灰陶女立俑

西汉

高55厘米

现藏故宫博物院

明器。头发从中间分梳两侧，至后面绾系。面庞端庄清秀。双手垂拱腹前，身着交领三重衣，外敷白色陶衣，双履绘饰图案。

灰陶女坐俑

西汉

高16厘米

现藏故宫博物院

明器。额头宽广，呈倒三角形，面目不清。拱手跪坐。西汉风格特征明显。

灰陶画彩女俑头

西汉

高12厘米

现藏故宫博物院

明器。头发往两边分，再往后梳理。五官轮廓已模糊不清，依稀可见细眉凤眼，矮鼻小嘴。头像比例塑造得十分准确。

灰陶画彩女俑头

西汉

高11厘米

现藏故宫博物院

明器。头发往两边分，再往后梳理。脸庞清秀，眉毛是男子般的剑眉，丹凤眼，矮鼻小嘴，表情严肃。

灰陶画彩女俑头

西汉

高12厘米

现藏故宫博物院

明器。头发往两边分，再往后梳理，额前两侧有二长方形细孔，是插别金属发卡之用。细眉，眼、鼻、口十分秀气。残存彩绘痕迹。

灰陶画彩女俑头

西汉

高11厘米

现藏故宫博物院

明器。头发往两边分，再往后梳理。脸庞略显圆润，细眉，鼻子矮小而圆，嘴微微噘起。

红陶银绿釉抱灯胡神俑

东汉

高23.5厘米

现藏故宫博物院

照明用具。施绿釉。俑头戴尖顶帽，帽为两片中间对缝拼接。深目高鼻，咧嘴而笑，为胡人形象。穿右衽长袍，腰间系带。左手揽弦纹柱形灯。怀中小人双臂向两侧伸开，左手略高，与胡俑左手相握。

釉陶是施有低温铅釉的陶器。包括单色釉、双色釉、三彩釉陶。其釉以铁、铜、钴的氧化物做着色剂，以氧化铅做助熔剂，烧成温度为七百至九百摄氏度。铅釉硬度低，化学稳定性差，易受水及二氧化碳一类气体的侵蚀，不适合做实用器皿，多为随葬明器。釉陶最早出现于西汉武帝时的陕西关中地区，东汉时西北、中原以至湖南、江西地区均已流行。

红陶绿釉熊座灯

东汉

高30厘米

现藏故宫博物院

照明用具。施绿釉，由于是反铅釉，故呈银绿色。灯碗为圆盘形，下用头顶弦纹柱跪立在浅盘上的熊承接。设计精致，显得古朴典雅。

陶灯是出现于新石器时代的一种照明用具，流行于汉代，东汉时有灰陶、釉陶制品。基本上由灯柱、油盏和承盘三部分组成。

红陶绿釉熊座灯

东汉

高40厘米

现藏故宫博物院

照明用具。施绿釉。灯碗呈圆盘形，下用头顶弦纹柱坐熊承接。熊双眼圆睁，嘴半张向前伸，身体直立坐地，双掌放于膝上，憨态可掬。

绿釉是低温颜色釉，出现于汉代，以铜做着色剂，铅化合物做助熔剂。

红陶绿银釉圆筒形谷仓

东汉

高34厘米

现藏故宫博物院

明器。施绿釉。筒身，上大下小。附盖，有圆形捉手。造型简单，通体光素无纹。

仓廪是中国古代用于贮粮的仓库。其中贮谷的为仓，贮米的为廪。早在新石器时代人们就用窖穴贮粮，《诗经》中已有仓、廪等名称。从汉墓出土的明器陶仓看，当时使用仓廪已经十分普遍，主要有圆形的囷和方形的仓，一般为一二层，上覆庑殿或悬山瓦屋顶。

红陶绿釉房屋

东汉

高26厘米

现藏故宫博物院

明器。施绿釉。平面呈方形。屋为单层悬山顶，塑造出瓦垄，正脊两头翘起。正面开门，两侧开窗。屋中有一人，蹲坐状，屋外有鸡狗。四周有小矮墙围成猪圈，开一方口。

红陶绿釉磨房

汉

长19.5厘米　宽14厘米　高8.5厘米

现藏故宫博物院

明器。施绿釉，釉反铅呈银色。平面呈方形，三面围墙。磨房内左边有一舂米碓，中间有一Y形拴牲口用的桩子，右边放一圆形磨盘，磨房中间还有一只小鸡在啄食。

灰陶羊圈

东汉

高24厘米

现藏故宫博物院

明器。平面呈方形。用墙围成羊圈，内分两层。下层正面开小洞，羊可从洞中出来，下层还可以放饲料。一角塑小楼，四角攒尖顶，两层。第一层正面开门，第二层四面开窗。

陶圈栏是专门制作的陪葬陶塑明器。出现于新石器时期，流行于汉代至唐。常见圆形、方形、长方形，栏内有猪、羊、鸡或狗等。此器非常生动地把羊圈的形象表现出来，为了解当时的生产生活情况提供了实物例证。

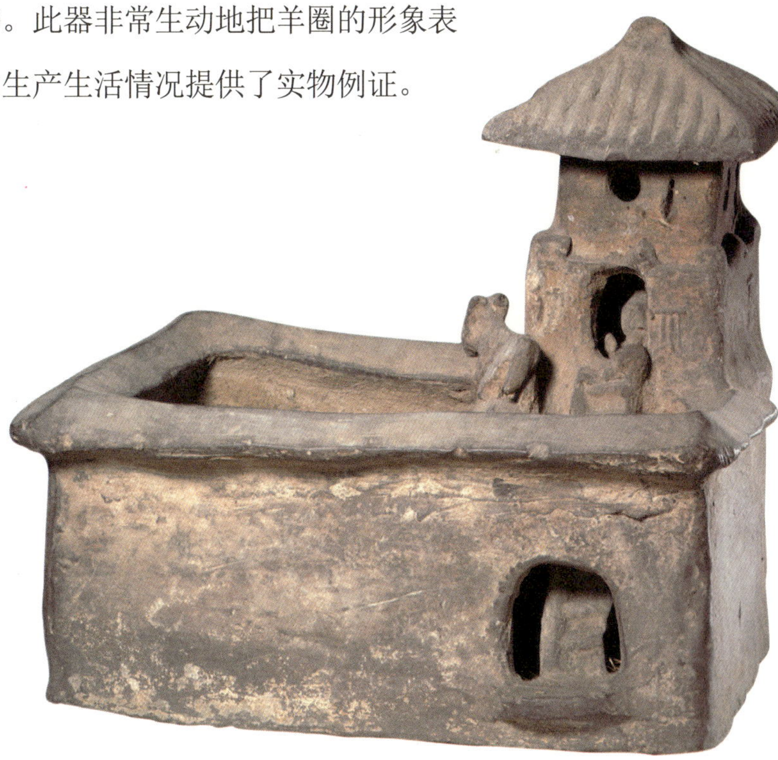

灰陶屋

汉

长19厘米　宽17厘米　高16.5厘米

现藏故宫博物院

明器。平面呈方形。单层，人字坡顶悬山式建筑，屋顶满铺瓦片，正脊两头翘起，垂脊尾上翘。房檐由拱相托，房檩、柎、柱均表现清晰。房前仅安有一扇方形门窗，据此推断可能是盛放粮食的谷仓。

灰陶长方形井

汉

长24厘米　宽15厘米　高11.7厘米

现藏故宫博物院

明器。长方形井，周围带边框。井口边框上有二孔，原应装有木质井顶护栏。井四周印有六组图案，长面前后分别为青龙、白虎、挑夫、怪人，两头为牛和羊。图案具有明显的汉画风格。

井是古代社会迈入文明的标志之一。它的发明大大减少了古代人们对江河的依赖性，为城邑的形成、国家的产生创造了有利条件。在汉代考古工作中，中原地区多发现水井及水井模型，而南方及成都、关中地区则多发现水田陂池模型，反映了各地作物种类的不同和种植方法上的区别。

灰陶长方形井

汉

长24厘米　宽16厘米　高11.7厘米

现藏故宫博物院

明器。长方形井，周围带边框。井口边框上有四孔，原应装有木质井顶护栏。井四周印有六组图案，分别为青龙、白虎、异兽、舞人、翼龙和人牵骆驼。

陶井作为随葬明器，流行于汉至南北朝时期。井台有圆形或方形，多有装饰图案。一般井口装有滑轮支架，并系有绳索及陶罐。

灰陶圆形井

汉

高19厘米

现藏故宫博物院

明器。圆形井，井口直径较窄，越往下越宽。井口有圆形宽边，上有二支架，撑起悬山屋形井顶。

灰陶鸡

汉

高12厘米

现藏故宫博物院

明器。鸡嘴向前伸出，双眼呈杏仁状，胸部夸张突出，脖子短而有力并微向后。两翼及尾部都刻有羽毛，双腿微屈窝立，尾部微上翘。

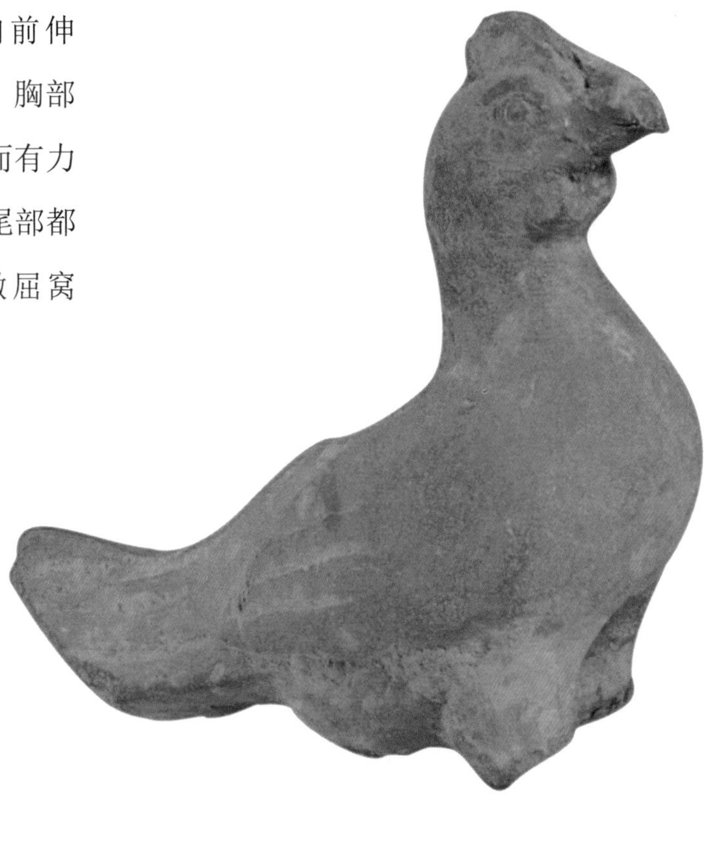

灰陶鸭

汉

高16厘米

现藏故宫博物院

明器。鸭体形丰硕，嘴扁平，眼睛呈杏仁状，两翼及腿部刻有羽毛，双腿微屈，尾部上翘。造形简洁，准确生动，神态毕现。

汉代时期的雕塑艺术得到发展，许多陶动物俑雕塑朴拙传神，达到了写实与夸张、造型与装饰的和谐统一。在动物类雕塑题材中，以狗的造型为最多，还有众多的牲畜和禽鸟，表现出独特的艺术风格和浓郁的生活气息。它们正是汉代艺术不追求形似，而追求神似特点的最好体现。

灰陶羊

汉

高12.8厘米　长15厘米

现藏故宫博物院

明器。羊身体肥硕，四肢短小，呈直立状。羊头两侧有弯卷下屈的角，有眼下腺，无髎须，颈短。

羊与人关系密切，故羊历来都是艺术造型的重要对象。新石器时代的彩陶就开始以羊为描绘对象，其后殷商、西汉、三国、唐、宋各朝均有以羊为艺术造型或纹饰的实例。如“祥”字的本字作“羊”，用羊为纹饰，寓意“吉祥”。三羊，又有“三阳开泰”的吉祥寓意。

灰陶卧狗

汉

高16厘米

现藏故宫博物院

明器。狗身体向右侧卧，头侧向一方。短耳、大口、直鼻，头转向右注视。脖颈粗壮，四爪用浅线刻画，左后腿微跷，腿根部肌肉分明，尾巴盘于臀部。身上可见手工捏制的痕迹。

陶狗在河南南阳、灵宝一带多有出土，多放置在墓道，陶楼的门旁也常塑有陶狗。它们呈现立、卧、爬、蹲、坐等不同姿势。

红陶卧狗

汉

高16厘米

现藏故宫博物院

明器。狗呈卧姿，头侧向一方，双耳竖立，双目瞪视，张口吠叫。尾巴呈扇形，足向前伸，形象逼真，淋漓尽致地表现出狗的机警神态。

灰陶女俑

西晋

高16.3厘米

现藏故宫博物院

明器。头发上梳绾于头顶，面庞丰满，双目圆睁，神情专注，嘴圆张，腮鼓起，双手互握抱于腹前。上身着右衽窄袖衫，领口及襟皆镶边，下身穿拖地喇叭口长裙，裙长曳地，遮住双足。

灰陶女俑

西晋

高16.3厘米

现藏故宫博物院

明器。头绾高髻，面庞丰满，双目圆睁，神情专注，张嘴鼓腮。双手相握于腹前。上身着右衽窄袖衫，下身穿拖地喇叭口长裙，遮住双足。

灰陶男立俑

西晋

高24厘米

现藏故宫博物院

明器。灰色陶胎，外涂白粉，前后合模制作。头戴圆形毡帽，豹眼圆睁，蒜头鼻子，颧骨突出。俑双腿叉开而立，双手握拳，右手上举，左手下垂。身着右衽窄袖短衣，腰系带。下穿裤，裤内侧开裆。

模制是陶瓷器重要的成型方法之一。用模型做外范，将泥料涂敷或打成泥片置入模型内，用手或机械压制成器坯，稍干取出。分单模和合模两种。单模是将泥料放入模子后挤压而成，适用于器物上装饰用的贴花及其他小附件。合模是用两个半模压制后对接而成，器物黏合时嵌上小泥条，接合处涂上泥浆。适用于生活器皿、俑、动物及较复杂的器物构件。

灰陶男立俑

西晋

高32.5厘米

现藏故宫博物院

明器。头盘锥髻，圆形眼，眼外角上吊，尖鼻大嘴，唇涂红色，颧骨高突，似为胡人形象。俑直立，双手握拳，右手上举，左手向前，呈战斗状。身着右衽窄袖短上襦，腰系带，下穿内侧开裆裤。

灰陶男立俑

西晋

高32厘米

现藏故宫博物院

明器。头梳发髻，呈螺旋状。眼角上翘，尖鼻，口微闭，颏下蓄须，颧骨突出。鼓腹，屈腿，脚分前后，似在行走。右手向后，左手前举。穿紧身袍。

灰陶男立俑

西晋

高21厘米

现藏故宫博物院

明器。俑头大戴帽，五官粗犷。双手互握，胳膊和肩膀连成一个整体呈圆弧状。立姿，腿短粗，分一前一后，好像刚迈开步。身披侧襟短袄。

灰陶男立俑

西晋

高23厘米

现藏故宫博物院

明器。灰色陶胎，外涂白粉，前后合模制作。头戴圆形毡帽，嘴眼外轮廓线凸起，颧骨较高。俑双腿叉开而立，双手相叠抱肚。身着圆领窄袖短衣，腰系带，下穿裤，裤内侧开裆。

灰陶男立俑

西晋

高22厘米

现藏故宫博物院

明器。分模合塑，身体两侧有模塑痕迹，中空。头戴平顶帽，头发上绾，眼睛圆睁，张口。俑双腿直立，左手持圆状物，右手持锸。穿右衽衣。

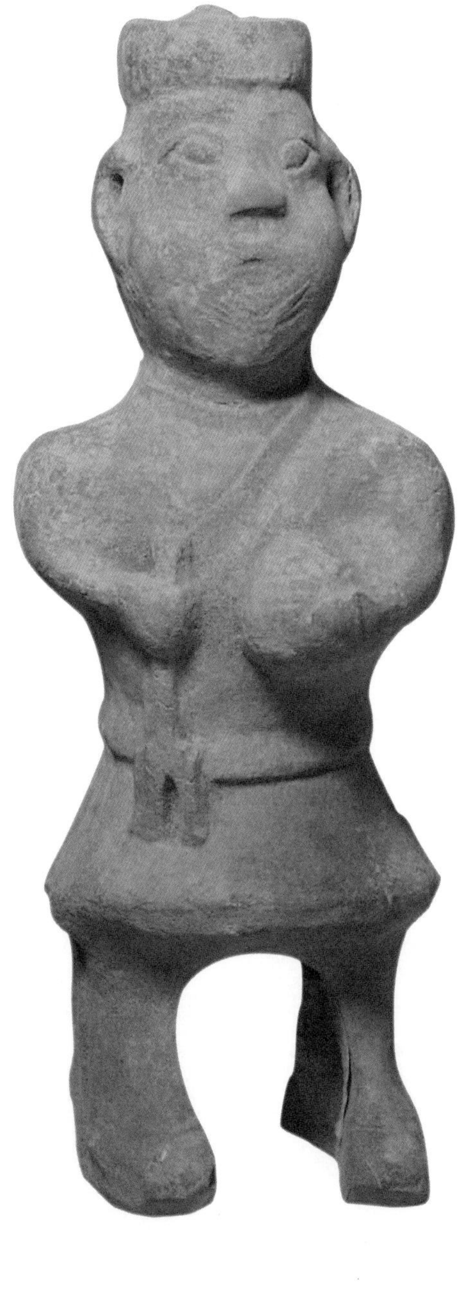

灰陶男立俑

西晋

高20厘米

现藏故宫博物院

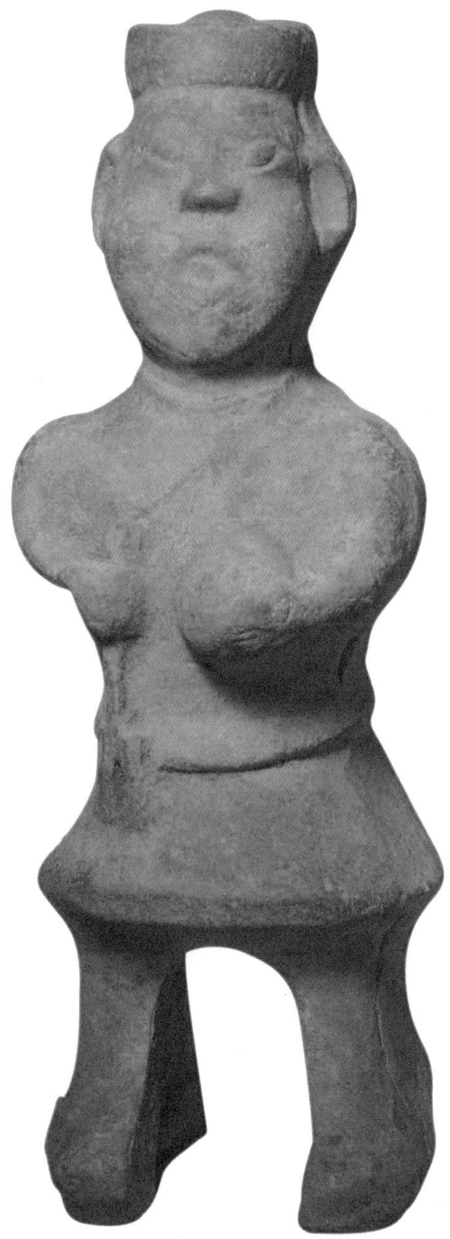

明器。分模合塑，身体两侧有模塑痕迹，中空。头戴平顶帽，头发上绾，眼睛圆睁，张口。左手持圆状物，右手持锸，双腿直立。穿右衽衣。

灰陶男跪俑

西晋

高19.3厘米

现藏故宫博物院

明器。头戴圆形小帽，脸形较长，前额突出，眼眶内凹，眼细长，鼻子又尖又高，大嘴，嘴角内收，似为胡人形象。俑呈跪坐姿，双手半握向前，呈控缰绳状。身上用阴刻线表现交领左衽衣及宽腰带。

陶胡人俑出现于南北朝时期，流行于唐代。造型一般为头戴尖帽或卷发，深目高鼻，有的长着络腮胡。多数身着圆领或翻领窄袖长袍，束腰，足蹬靴，为西域或欧洲人的形象和装束。

灰陶男跪俑

西晋

高19.3厘米

现藏故宫博物院

明器。头戴圆形小帽，脸形较长，眼眶内凹，眼睛较长，高鼻尖，嘴角内收，似笑非笑。俑双膝跪地，双手半握向前，呈控缰绳状。身上用阴刻线表现交领左衽衣及宽腰带。

灰陶马

西晋

高39.9厘米

现藏故宫博物院

明器。外罩白粉。马眼睛向前看，鼻孔张开，咧嘴，双耳竖立，头部棕毛梳成尖锥状，系在马耳中间。胸肌突出，结实有力，背负马鞍，四腿短粗，尾巴下垂。

灰陶画彩男立俑

北魏

高22.5厘米

现藏故宫博物院

明器。身体扁平，为双模压制。俑头微偏，梳丫形髻，五官雕刻细腻。双手半握相叠于胸前，原似握物。上身穿交领大袖褶衣，下穿裤扎膝缚，微露鞋头。衣纹刻线较深。

灰陶画彩武士俑

北魏

高20.7厘米

现藏故宫博物院

明器。束发，前额圆鼓较宽，面带怒色。左臂微屈，手持盾牌，右手半握拳放于体侧，中有插孔，原应持有兵器。上身穿翻领右衽窄袖衣，腰间束带，下穿裤扎膝缚，露出鞋头。

灰陶画彩武士俑

北魏

高21厘米

现藏故宫博物院

明器。施红彩。头与身体分体模制，黏合而成后使颈部几乎没有。头戴尖顶甲片额护，高鼻深目，双眉耸起。右手下垂，左手握拳于腰部，原持之武器已失。上穿铠甲，甲叶相叠，随身体之形状，中间内收，呈束腰状，甲片编缀细密，有一底边。背后斜挂箭箙。下穿裤扎膝缚，微露鞋头。

灰陶画彩武士俑

北魏

高21厘米

现藏故宫博物院

明器。施红彩。头与身体分体模制，粘合而成。头戴尖顶甲片额护，高鼻深目，双眉耸起。缩颈，右手下垂，左手握拳于腰部，原持之武器已失。上穿铠甲。甲叶下片压上片，随身体之形状，中间内收，呈束腰状，甲片编缀细密，有一底边。背后斜挂箭箙。下穿裤扎膝缚，微露鞋头。

灰陶画彩武士俑

北魏

高21厘米

现藏故宫博物院

明器。施红彩，剥落较为严重。头与身体分体模制，黏合而成。头戴尖顶甲片额护，高鼻深目，双眉耸起。缩颈，右手下垂，左手握拳于腰部，原持之武器已失。上穿铠甲。甲叶下片压上片。随身体之形状，中间内收，呈束腰状，甲片编缀细密，有一底边。背后斜挂箭箙。下穿裤扎膝缚，微露鞋头。

灰陶画彩武士俑

北魏

高21厘米

现藏故宫博物院

明器。施红彩。头与身体分体模制，黏合而成。头戴尖顶甲片额护，高鼻深目，双眉耸起。缩颈，头部微向左侧倾，右手下垂，左手握拳于腰部，原持之武器已失。上穿铠甲。甲叶下片压上片，随身体之形状，中间内收，呈束腰状，甲片编缀细密，有一底边。背后斜挂箭箙。下穿裤扎膝缚，微露鞋头。

灰陶画彩武士俑

北魏

高20.5厘米

现藏故宫博物院

明器。施红彩。头戴尖顶甲片额护，额头宽大，双眉蹙耸，眼睛圆睁，高鼻，阔嘴，脸形扁方。耳朵略向上，胡须满腮，耸肩，双手下垂并握拳于腰部。身穿翻领右衽窄袖衣，腰间束带，下穿裤扎膝缚，微露鞋头。

灰陶画彩文吏俑

北魏

高38厘米

现藏故宫博物院

明器。单模压制，背面光素无纹饰。俑头戴小冠，长方形脸中间略凹，低头含笑。右手握左手放于胸前。上身穿宽袖对襟衣，下穿裤扎膝缚，微露双足。

文吏俑是随葬陶瓷塑明器。始见于魏晋南北朝时期，流行于隋唐。造型为文官形象，头戴冠帽，身着袍服，脚蹬云头履。面部表情肃穆虔诚。多见彩绘陶、三彩和白釉瓷器。

灰陶画彩文吏俑

北魏

高37厘米

现藏故宫博物院

明器。头戴小冠，直鼻，大耳，小口，面含微笑。双手交握胸前。身穿宽袖对襟衣，下穿裤扎膝缚，微露鞋头。

灰陶画彩文吏俑

北魏

高37厘米

现藏故宫博物院

明器。体扁平，为单模制作，背后平素。头戴小冠，有残损。面带微笑，神态谦恭，双手合抱于胸前。身穿大袖对襟衣，下穿裤扎膝缚，微露鞋头。

灰陶画彩文吏俑

北魏

通高20厘米

现藏故宫博物院

明器。头戴小冠，五官含笑，头微向右低倾，似在聆听。双手屈臂叠放于腹前。上身穿帛衣，卷袖，下身穿宽裤口束膝裤，腰带系于腹前。

灰陶抱瓶女俑

北魏

高13厘米

现藏故宫博物院

明器。头盘单髻，脸形略方，细眼高鼻，略带微笑。窄肩细颈，双手抱长颈折肩平底瓶。身着长裙。

灰陶箕米女俑

北魏

高14厘米

现藏故宫博物院

明器。施红彩。女俑头盘单髻，面带微笑。半蹲，双手持簸箕，呈箕米状。身穿长裙。

表现劳作场面的陶俑出现于西汉中晚期。一般身着简朴，手持劳作工具或正在劳作，如宰羊、洗衣、烧火、提水等，代表当时下层平民的形象。隋唐时期更加生活化，塑造得十分精细。除提水、烧灶、做饭等劳动场面外，还出现洗碗、擀面、吹火、谷物加工和磨面的场面。

灰陶画彩提衣襟女坐俑

北魏

高17厘米

现藏故宫博物院

明器。施红彩。女俑头盘单髻，五官端正，略带微笑，表情恬静。左足踩地，右足略抬起。右手扶在右膝上，左手轻提衣襟。身着束腰长裙，另有披肩在胸前上方系一结。

灰陶画彩女坐俑

北魏

高15.5厘米

现藏故宫博物院

明器。施红彩。女俑头盘单髻，脸形瘦长。细眉细眼，小鼻小口，头微低，面带微笑。双手相叠放于膝上，右腿搭在左腿之上。身穿红色圆形交领半袖衫，右足的云履头微露。

灰陶男立俑

北魏

高22.5厘米

现藏故宫博物院

明器。单发髻，方脸垂首，五官轮廓刻画粗犷概括。双手合于腹前。身穿交领短袍，衣纹简单。下穿裤扎膝缚，微露鞋头。腿部夸张刻画，给人以稳定和结实之感。

灰陶马

北魏

高20.9厘米

现藏故宫博物院

明器。马头瘦小而长，前部略尖，戴络佩，颈部系双带，胸前有花状饰物，象征铃铛。背上搭马鞍，鞍下有障泥，障泥刻有精美图案。背后有鞧带。四足略短，踏于方形踏板上。

灰陶红彩击鼓骑马仪仗俑

北魏

高23厘米

现藏故宫博物院

明器。人俑头戴风帽，身着曲领套头大袖长袍，下穿缚裤。双手抱圆形扁鼓，骑于马上。马全身施红彩，头显得窄小，戴络佩，身体粗壮较矮，带障泥无鞍，四足站立于四方陶板上。

仪仗俑流行于魏晋南北朝时期。多为组群，手中分别拿着仪仗用具，如钺、刀、剑等。为官吏出行的组成部分。

灰陶红彩击鼓骑马仪仗俑

北魏

高23厘米

现藏故宫博物院

明器。人俑头戴风帽，身着曲领套头大袖长袍，下穿缚裤。左手抱圆形扁鼓，右手持槌呈击鼓状，骑于马上。马全身施红彩，头窄小，戴络佩，身体粗壮，带障泥无鞍，四足站立于四方陶板上。

灰陶画彩骑马武士俑

北魏

高24.5厘米　长25.5厘米

现藏故宫博物院

明器。人俑头戴风帽，粗眉，圆睁双眼，高鼻，大嘴，面部狰狞。身披圆领、对襟、大袖衫子，长及膝下。下身穿裤，足蹬靴。拱手于胸前，骑于马上。马头瘦小而长，前部略尖，身披甲，甲片做成人物和各种动物状，甲片空隙较大，表面还涂有红色，或许是做仪仗之用。

骑马俑出现于汉代。俑骑于马上，有的射猎，有的演奏，有的安详静坐。有单数，有组群，不少俑群身着铠甲、手持兵器，为当时的骑兵形象。多见釉陶、彩绘陶、三彩等。

灰陶画彩负包马

北魏

长20厘米　高16厘米

现藏故宫博物院

明器。马嘴细长，戴笼头，眼圆睁，双耳前竖。马颈较长，十分独特。马背搭鞍垫，上驮一长圆形口袋。马四腿立于方形踏板上，后足略弯曲，显示出马吃重状。

灰陶画彩载物卧驼

北魏

长27厘米　高14厘米

现藏故宫博物院

明器。骆驼头部细长，吻部突出，张嘴露齿。跪姿，借助两峰做成十字形架子，在架子两侧挂像丝一类的物品。

北朝晚期随葬骆驼俑较为普遍，姿态不一，起卧行走之状极富生气。东魏茹茹公主墓、北齐张肃俗墓、北周李贤墓等都出土有水平较高的骆驼俑，这类俑的出现是北方游牧民族的生活习俗和频繁的东西方贸易的真实写照。

灰陶画彩披风衣武士俑

东魏

高17.5厘米

现藏故宫博物院

明器。施红彩。俑束发，怒目圆睁，嘴略张。内穿窄袖衣，外披圆领对襟大袖长袍，下穿扎膝缚裤。双手半握拳相叠，从形状看原应持物，惜已遗失。

灰陶画彩披风衣武士俑

东魏

高18厘米

现藏故宫博物院

明器。施红彩。头束发，眼睛内凹，尖鼻，阔口，大耳。内穿窄袖衣，外披圆领对襟大袖长袍，下穿扎膝缚裤。双手紧握，拳心中空，可能原来握有武器。

灰陶画彩披风衣武士俑

东魏

高18厘米

现藏故宫博物院

明器。施红彩。头束发，眼睛内凹，尖鼻，阔口，大耳。内穿窄袖衣，外披圆领对襟大袖长袍，下穿扎膝缚裤。双手紧握，拳心中空，可能原来握有武器。

灰陶画彩女坐俑

魏

高9.5厘米

现藏故宫博物院

明器。施红彩。头发向两侧分开，圆脸，耳朵夸张。上身着披肩，袒胸露乳。一手撑地，一手弯曲放于右膝，左腿平放下坐，似为孕妇形象。

灰陶画彩女俑

魏

高13厘米

现藏故宫博物院

明器。施红彩，剥蚀较为严重。头发从中间分开，圆脸，细眉凤眼，面带微笑。双手微抬至腰间。身穿宽袖侧襟长袍，露出鞋头。

灰陶画彩男立俑

魏

高27厘米

现藏故宫博物院

明器。头戴小冠，方脸庞，五官模糊，脖子细长。双手叠放于腹前。身穿帛衣，外披交领宽袖长袍，下穿束膝敞口裤，露出鞋头。身材过长，不合人体比例。

灰陶画彩男立俑

魏

高24.5厘米

现藏故宫博物院

明器。施红彩。俑头戴小冠，椭圆脸，面带微笑。身穿大袖褶衣，舒散式大口缚裤，外穿裲裆衫。双手笼于袖中，交叠置于腹前。

灰陶画彩男立俑

魏

高25厘米

现藏故宫博物院

明器。施红彩。俑头戴小冠，面椭圆，眉目清秀，略呈笑意，身穿大袖褶衣，舒散式大口缚裤，外穿裲裆衫，腰中系带。双手笼于袖中，交叠置于腹前。

灰陶画彩男立俑

魏

高20厘米

现藏故宫博物院

明器。施红彩。俑头微侧，耸肩。头戴毡帽，方脸庞，浓眉大眼，高鼻梁，络腮胡，似为胡人形象。身穿大领布衣，以绳子束腰。下穿敞口束膝裤，露出鞋头。

红陶画彩牛车

魏

通高26厘米　全长45厘米　牛高20厘米

现藏故宫博物院

明器。牛立于车前，呈驾辕拉车状。昂首挺胸，睁目前视，牛角上卷，肩峰微起，长尾下垂，体态雄劲有力。车双辕，辕间横置一衡。车盖卷棚式，前后出檐。车厢呈矩形，左右两面全封闭，后壁辟长方形门。车厢底两边各有二孔，为穿带系车轴之用。车轮为圆饼状，辐条凸起，不做透空。

从史籍记载来看，牛车至少在汉初就已被人们接受并使用。东汉末年，高级牛车开始流行。《晋书·舆服志》记："古之贵者不乘牛车"，"其后稍见贵之，自灵、献以来，天子至士庶遂以为常乘"。魏晋以后，乘牛车之风益盛，十六国以后的大墓中表现出行的陶俑群，多以长檐牛车为主题。

灰陶画彩武士面具

北朝

高9厘米

现藏故宫博物院

明器。尖状发，额头宽大，双眉蹙耸，眼睛圆睁，高鼻，张口龇牙，耳朵略向上，胡须满腮。

灰陶母子狗

北朝

高9厘米

现藏故宫博物院

明器。母狗双耳下垂，眼睛圆睁，嘴巴上翘，蹲卧状，下为椭圆座。小狗前足扬起，头向上仰，抓扶母狗颈部，母狗用前足抚摸小狗尾部。

灰陶卧羊

北朝

高9.5厘米

现藏故宫博物院

明器。白衣上施彩绘，中空。羊角向内弯曲，羊嘴微张，体躯壮硕。四足跪卧，下为方座。

灰陶卧羊

北朝

高10厘米

现藏故宫博物院

明器。白衣上施彩绘，中空。羊角向内弯曲，伸颈张口，体躯壮硕。四足跪卧，下为方座。

灰陶立羊

北朝

高15厘米

现藏故宫博物院

明器。羊角向内弯曲，伸颈张口，角、嘴、鼻、眼等特征把握准确。前后足简化成竖板，通体光滑，不施朱墨，实体塑造。

灰陶鸡

北朝

高11厘米

现藏故宫博物院

明器。高冠，尖喙，双睛呈杏仁状。双腿立于地，尾部上翘。两翼及尾部刻有羽毛。形象简洁，特点突出。

灰陶灶

北朝

高11.5厘米

现藏故宫博物院

明器。灶呈方形，置一锅。灶尾有竖墙。高大的灶墙可以防止从灶口飘出的灰尘掉落到锅内。

陶灶是陪葬陶塑明器。出现于新石器时期，流行于汉代以后。器形有圆、方、三角形等，一般为敞口，斜腹，平底，有足。前有火门，后有烟孔。汉代陶灶有一个或多个火眼，灶台比较大。隋唐陶灶多为单个火眼，灶台没有汉代大，但多有装饰。有红陶、灰陶、釉陶等品种。

红陶黄绿釉宴乐女俑群

隋

高18～21厘米

现藏故宫博物院

明器。一组十件。其中两俑抬臂袖手，腰肢弯曲相对，呈舞蹈状。旁有一俑持腰鼓伴奏。其他女俑恭立一旁，应是奴婢侍女。

釉陶俑的头部一般不施釉，而是采用在素胎上直接彩绘的方法，有些还贴金。因彩绘比釉彩更具表现力，它可以将人物的五官用朱、黑、赭等不同的色彩生动地描绘出来，还可以根据不同人物的身份特点做不同处理，使俑具有强烈的个性。

红陶酱釉舞蹈女俑

隋

高18厘米

现藏故宫博物院

明器。双发髻，面露微笑。双手隐于袖内，前抬，腰随头向身体左侧摆动，呈舞蹈状。身穿帛衣长裙，裙纹自然，动态生动。

舞俑出现于西汉中晚期，流行于汉唐时期。塑造了表演舞蹈的片段，做出各种优美的舞姿，仿佛为动感十足的剪影画，为研究古代舞蹈提供了实物资料。

红陶绿釉打腰鼓女俑

隋

高21厘米

现藏故宫博物院

明器。头梳单螺髻，脸形略方。左手抱腰鼓，右手呈击打状。内穿襦衫，外罩短肩衣，下着长裙，露出鞋头。

古代腰鼓，陈旸《乐书》云：“大者瓦，小者木，皆广首纤腹。”隋唐时，用于西凉、龟兹、疏勒、高丽、高昌诸乐，奏时多挂在腰间，用两手掌拍击。

红陶绿釉女俑

隋

高19厘米

现藏故宫博物院

明器。发髻低平，脸部圆润，五官神态自然。身体苗条，双手叠放捧瓶于腹前。上穿长袖帛衣，下穿拖地长裙，裙纹衣褶呈规则束状。

红陶黄绿釉女立俑

隋

高27厘米

现藏故宫博物院

明器。头绾双螺髻，脸庞清秀，面带微笑。身材修长，两腮厚实且丰颐，双手隐于袖内，持物于胸前。穿襦衫，齐胸束腰长裙，露出鞋头。裙纹密集，刻画流畅而有序。

红陶绿釉女立俑

隋

高22厘米

现藏故宫博物院

明器。施绿釉。女俑头梳双发髻，脸部方圆，细眉细眼。身材略显修长。双手隐于袖内，交放于腹前，右手托一物。上身着短袖帛衣，下身穿多褶长裙，裙纹密集。足穿云头履。

红陶酱釉女立俑

隋

高24厘米

现藏故宫博物院

明器。施酱釉。俑头顶盘梳低髻，方圆脸，面带微笑，细颈削肩。右手隐于袖内，屈置腹前，左手于袖内贴身下垂。身穿窄袖衫，着多褶长裙，足穿云头履。

红陶画彩女立俑

隋

高23.5厘米

现藏故宫博物院

明器。头盘髻，双眼向下微合，嘴唇涂朱。双手上屈，左手已残断，右手托瓶。身穿窄袖襦衫，着长裙，足穿方头履。

红陶画彩女立俑

隋

高23.5厘米

现藏故宫博物院

明器。头盘髻，眉眼模糊。双手上屈，手臂已残断。身穿窄袖襦衫，着束胸长裙，足穿方头履。

红陶画彩女立俑

隋

高23.5厘米

现藏故宫博物院

明器。头盘髻，脸形方圆，面露微笑。双手屈至腹前。身穿长袖帛衣，着束胸长裙，裙纹简洁，足穿方头履。

红陶画彩女立俑

隋

高22厘米

现藏故宫博物院

明器。头盘髻，瓜子脸形，面露微笑。双手上屈，手臂已残断。身穿长袖帛衣，着束胸长裙，足穿方头履。

红陶画彩伎乐女立俑

隋

高24厘米

现藏故宫博物院

明器。头盘髻，脸形方圆，微微低头，神态平和自然。双手握乐器。穿长袖帛衣，着束胸长裙，裙纹简洁。足穿方头靴。

乐俑出现于西汉中晚期，流行于汉唐时期。多数手中持有演奏的乐器，有的在吹奏，有的在弹拨。为研究古代音乐、乐器提供了实物资料。

红陶画彩伎乐女立俑

隋

高24.2厘米

现藏故宫博物院

明器。头盘髻，长柳叶眉，凤眼。双手持扁鼓。身体修长，比例匀称自然。穿长袖帛衣，着束胸长裙，足穿方头靴。

红陶画彩伎乐女立俑

隋

高24厘米

现藏故宫博物院

明器。头盘髻，细眉细眼，略带微笑。双手执排箫举置嘴前，呈吹奏状。身穿长袖帛衣，着束胸长裙，足穿方头靴。

排箫是把长短不等的竹管按长短顺序排成一列，用绳子、竹篾片编起来或用木框镶起来而制成的一种吹管乐器，形如凤鸟之翼。它是古代非常受欢迎的一种乐器，一直是中原传统乐队中的重要乐部，千百年来并无本质变化。河南淅川的春秋楚墓中就出土有石排箫，近年发掘的鹿邑长子口商末周初大墓亦有骨排箫实物。

红陶画彩伎乐女立俑

隋

高24厘米

现藏故宫博物院

明器。头盘髻，双手执琵琶于怀中，呈弹拨状。身穿长袖帛衣，着束胸长裙，足穿方头靴。

白陶黄釉画彩弹琵琶骑马女俑

隋

高31.5厘米

现藏故宫博物院

明器。女俑头盘发，束巾，脸形方圆，面带微笑。上身穿小袖口红袄，下着高腰长裙，裙腰系带飘于胸前。双手持琵琶，呈弹奏状。马身施黄釉，头向下，眼圆睁，搭桥形鞍，下铺障泥。体躯壮硕，马腿粗壮似柱子，直立于底板之上。

白陶是用白黏土做胎烧成的白色陶器。因其胎中氧化铁含量低，所以烧成后胎呈白色。出现于仰韶文化晚期。

白陶黄釉画彩吹箫骑马女俑

隋

高31.1厘米

现藏故宫博物院

明器。女俑头梳低平盘发，细眉细眼，双手捧排箫，放于嘴下，呈吹奏状。上身穿小袖口红袄，下着高腰长裙，裙腰系带飘于胸前。马身施黄釉，头前探，口含镳，略显粗壮，身佩桥形鞍，下铺障泥，直立于底板之上。

白陶黄釉画彩携琴骑马男俑

隋

高38.3厘米

现藏故宫博物院

明器。俑戴幞头，面带微笑，眉眼刻画清晰。身着红绿小袖口紧身衣裤，骑在马上。左右携带二琴，置于腿侧。马全身施黄釉，垂首直立于踏板上，体躯健硕。马背桥形鞍下铺垫直角形障泥，上刻几何纹图案。

黄釉是陶瓷器的一种釉色。以适量的铁为着色剂，在氧化焰中烧成。分高温、低温两种。高温黄釉是含少量铁分的石灰釉，在高温氧化气氛中生成三氧化二铁，呈现黄色。唐代已烧出标准的黄釉瓷器。低温黄釉即铅釉，最早见于汉代陶器上，显橙红色泽。唐三彩和宋三彩的陶器上已有深浅不同的黄褐色釉。瓷器上纯正的黄釉，始自明永乐年间。

白陶黄釉画彩骑马男俑

隋

高36.3厘米

现藏故宫博物院

明器。俑戴幞头，面带微笑，眉眼刻画清晰。身着红绿小袖口紧身衣裤，腰系带，肚微鼓，骑在马上。右手长袖甩后，左手向前，似在持缰。马全身施黄釉，垂首直立于踏板上，身体粗壮。马背桥形鞍下铺垫直角形障泥，上刻几何纹图案。

白陶画彩老人坐像俑

隋

高13厘米

现藏故宫博物院

明器。俑头戴黑色幞头，面部皱褶，眼睛大睁，眼光向下，嘴角上翘，颔下胡须根根。身着红色窄袖袍，足穿长筒靴子，双手置几上，盘腿而坐，表现出老者的风范。

白陶黄釉卧牛

隋

长22厘米

现藏故宫博物院

明器。施黄釉。牛伏卧于地，双角竖起，耳朵向后，双眼圆睁，口微张。体躯健硕。

白陶黄釉画彩牛

隋

高19厘米

现藏故宫博物院

明器。施淡黄釉。牛昂首，双睛圆睁，圆鼻孔，口微张，双角向上竖起，耳朵向后，直立四肢，粗壮有力，鼓腹，尾巴下垂。头与尾部饰有彩绘笼套及花饰。

白陶画彩牛车

隋至初唐

牛高19厘米　长26厘米

车高17厘米　长16.5厘米

现藏故宫博物院

明器。牛、车身、车轮单独制成后黏结而成。牛膘肥体壮，双角上翘，短颈，背脊隆起，四肢短粗。车厢外壁绘花卉及竖道等纹饰。车身后部右侧开小门，内为坐人处。两旁车轮高大，浮雕出车辐。

白陶绿釉牛车

隋

通高27厘米　全长44厘米　牛高17.5厘米

现藏故宫博物院

明器。施绿釉，白陶胎。牛身为双模合制，牛头、牛腿分别捏塑，整体组装黏合后再修坯整理。牛头佩辔，辔带上挂叶形花饰。牛眼圆睁，双角上翘，肩峰微起，体躯健壮，四腿直立于长方形踏板上。

车双辕呈竹节状，车厢前壁开方形窗，后右旁开长方形门。车顶卷棚式，前端伸出较长，覆盖御车者的座斗，后端延伸较短，可遮盖车门。两旁车轮高大，车轮上浮雕连珠、同心圆、莲瓣等花纹以及辐条，轴头安装葫芦形车軎。

红陶黄绿釉牛车

隋

高41.5厘米

现藏故宫博物院

明器。施酱黄釉，红陶胎。分体制造，底座、车轮、车篷、牛皆单独制成后黏结而成。牛头佩辔，牛眼圆睁，双角上翘，体躯健硕，四足粗短。牛背上架车辕。车厢方形，车顶卷棚式，两旁车轮高大，车辐透雕，根根分明。

白陶男立俑

唐

高17厘米

现藏故宫博物院

明器。头戴黑色幞头，胖圆脸，面目模糊。右手放于腹前，左手自然下垂。身穿交领侧襟半长袖布衣，腰间系带，下穿宽腿裤。足穿靴，立于圆形踏板上。

白陶画彩男立俑

唐

高22厘米

现藏故宫博物院

明器。头戴幞头，面带微笑。右手上屈置胸部，左手下屈于腹前。身穿翻领右偏襟短袍，腰束带，内着裤，足穿靴，立于方板上。

白陶画彩男立俑

唐

高22.5厘米

现藏故宫博物院

明器。头戴幞头，面带微笑。右手屈置胸部，左手屈置腹前。身穿翻领窄袖短袍，腰束带，内着裤，足穿靴，立于四方踏板上。

白陶画彩男立俑

唐

高24厘米

现藏故宫博物院

明器。头戴幞头，皱眉，瘪嘴，显出凄苦神态。双手互握于胸前。身着长袍，腰间束带，衣着看起来十分简单。足穿靴，立于方形踏板上。

白陶男立俑

唐

高25厘米

现藏故宫博物院

明器。头戴胡式翻檐高帽，表情肃穆。双手抱拳拱于胸前。身着圆领直裾窄袖长袍，腰系带，足蹬靴子，立于四方踏板上。残留施彩痕迹。

白陶黄釉画彩男立俑

唐

高20厘米

现藏故宫博物院

明器。施黄釉。头戴风帽，面带微笑。右手在上，左手在下屈置腹间。身穿翻领右偏襟短袍，腰束带，内着裤，足穿尖头履，立于圆板上。

白陶黄釉男立俑

唐

高25厘米

现藏故宫博物院

明器。施黄釉。头戴风帽，方圆脸，目视前方呈微笑状。双手上下交错放于胸腹间，体形短粗。外披一件大衣，内穿斜襟束腰长衣，露出尖头靴。

白陶黄釉男立俑

唐

高32厘米

现藏故宫博物院

明器。头戴黑色幞头，方脸庞，目视前方，留八字胡。右手上屈至胸前，左手下屈于腰际。身穿棕褐色长袍，腰束带，内着裤，足穿靴，立于踏板上。

白陶黄釉文吏俑

唐

高19.5厘米

现藏故宫博物院

明器。施黄釉。俑头戴冠，长方脸，头微向侧偏，神情自然。拱手肃立。身着交领宽袖长袍，内着裤，足穿靴。身体比例匀称。

白陶黄釉画彩文吏俑

唐

高42厘米

现藏故宫博物院

明器。施淡黄釉。头戴冠，两带系于颏下。脸形方阔，尖鼻，墨彩绘八字胡须，唇涂朱。双手拱立胸前。身穿大衣博袖，外罩裲裆，腰中系带，足穿云履。衣服施红彩。

白陶文吏俑

唐

高22厘米

现藏故宫博物院

明器。头戴冠，方脸形，浓眉，长眼，头微抬，略带笑意。双手叠放于胸腹间。身穿交领宽袖长衣，腰系带。衣缘涂红彩。残留施彩痕迹。

白陶画彩武士俑

唐

高83厘米

现藏故宫博物院

明器。头戴折耳头盔，面部肌肉丰削适度，竖眉瞪眼，大鼻挺直，唇上蓄八字胡须。身穿铠甲，项间围顿项，铠甲腹部画鱼鳞甲叶，下露虎皮，战裙曳地。左手推掌护胸，右手握拳向下，左胯外突身体微屈，摆出一副要格斗的架势。

白陶黄釉武士俑

唐

高35厘米

现藏故宫博物院

明器。施淡黄釉。头戴护帽，双眉上耸，眼睛圆睁，鼻翼宽大，大嘴。右手握拳置于胸腹前，左手握拳置于腹侧。颈有护项，身穿明光甲，护膊，腰中系带。下穿宽腿裤，足穿尖头靴。

白陶黄釉武士俑

唐

高42厘米

现藏故宫博物院

明器。施淡黄釉。头戴护帽，双眉上耸，眼睛圆睁，鼻翼宽大，大嘴。右手握拳置于胸腹前，左手握拳置于腹侧。颈有护项，身穿明光甲，护膊，腰中系带。下穿宽腿裤，足穿尖头靴。

白陶画彩武士俑

唐

高36.5厘米

现藏故宫博物院

明器。头戴尖顶护帽，双睛圆睁，鼻翼宽大，口微张，唇涂朱。颈有护项，护项下为一兽首，张口吐出两条绳带。俑上身穿铠甲，两护心镜外圈缀连珠纹，内饰人面，龙首护膊。下穿裤，裤口缚扎，穿尖头鞋。左手持绳带，右手握拳，直立。

白陶画彩大食人俑

唐

高30厘米

现藏故宫博物院

明器。头戴折檐帽，檐前后呈三角形，深目高鼻，唇上留外翘八字胡，鬓及颏下蓄长髯。左手置胸前，右手执水壶。身穿右衽衣，腰中系带，足蹬长筒靴，立方板上。形象与大食“男子鼻高，黑而髯”的记载相吻合。

大食人，唐时指阿拉伯人，汉代时称为条支人。唐代中国与阿拉伯的交往十分频繁，中国的很多地方都留下了大食商人的足迹。这件大食人俑正是历史上中国与阿拉伯频繁交往的见证。

白陶侏儒俑

唐

高13厘米

现藏故宫博物院

明器。头戴黑色幞头，浓眉大眼，鼻头较粗，阔口。左手下垂，右手握拳抬起。上身内穿半袖衣，外穿翻领大衣。俑身矮，头及上身较大，双腿较短，从形象上看应为一侏儒。

侏儒俑出现于汉代，流行于唐代。一般身材短小，相貌丑陋，是宫廷与侯门里豢养的身材矮小的弄臣与优伶的形象，当属丑角一类。

白陶画彩女坐俑

唐

高19.8厘米

现藏故宫博物院

明器。盘高髻，头略向右偏，面形微胖，长眉细眼，高鼻梁，嘴紧闭。上身穿红色圆领半臂衫，下着长裙。左腿盘坐，左手握足；右腿支立，右臂放于膝上，神情悠然自在。

白陶画彩女立俑

唐

高33.6厘米

现藏故宫博物院

明器。头发分梳两侧，头顶再梳两个扁形环髻抛向前额，面容丰满，细眉细眼，小口小鼻。头略右转，略昂，溜肩膀，双手藏于袖口之内，右手抬至胸前，左手置于腹侧。身着轻薄贴体衣裙，穿尖头履，立于六边形托板上。

白陶画彩女立俑

唐

高17厘米

现藏故宫博物院

明器。头梳刀形半翻高髻，眉目低垂。身内穿袒胸窄袖衫，外加短袖襦，着长裙，裙裾不露足，肩披帔帛，帔帛一端掩双手垂于身前。双手于胸前捧一杯状物，含胸而立。残留施彩痕迹。

白陶画彩女立俑

唐

高27厘米

现藏故宫博物院

明器。头梳刀形半翻高髻，细眉细眼，表情恬淡。身内穿袒胸窄袖襦衫，外加短袖襦，着长裙，裙裾不露足。肩披帔帛，帔帛一端掩双手垂于身前。双手捧一杯状物，呈站立侍候状。

白陶画彩女立俑

唐

高18厘米

现藏故宫博物院

明器。头梳双层高髻，面带微笑。身穿袒胸窄袖襦衫，着长裙，穿云头履。肩披帔帛，帔帛两端绕臂于腋下并垂至身体两侧。两手笼于腹前。

白陶画彩女立俑

唐

高17厘米

现藏故宫博物院

明器。头梳双层高髻，椭圆脸，高鼻小口。身穿袒领窄袖襦衫，着长裙，穿云头履。肩披帔帛，帔帛两端绕臂于腋下并垂至身体两侧。两手笼于腹前。

白陶画彩女立俑

唐

高24厘米

现藏故宫博物院

明器。头发分梳于脑后，束小髻，圆脸。身穿翻领偏襟窄袖短袍，腰束带，袍襟略撩起，内着小口袴，足穿尖头履。两手交叠于胸腹前，立于方板上。

白陶黄釉女立俑

唐

高24厘米

现藏故宫博物院

明器。头梳双髻，双髻并列于头顶，圆脸。身穿右衽广袖袄，腰束带，带两端结节于腹前，内着长裙，足穿方头履。双手交叠于胸腹间。

白陶画彩女立俑

唐

高20厘米

现藏故宫博物院

明器。头梳双层高髻，面容姣好，略带微笑。双手隐于袖中，置于腹前。身穿袒胸窄袖襦衫，着束胸长裙，裙带两端垂于身前，足穿方头履。肩披帔帛，帔帛两端绕臂于腋下，并垂置身体两侧。

白陶黄釉画彩女立俑

唐

高20.5厘米

现藏故宫博物院

明器。头梳双层高髻，双手隐于袖中，置于胸前。身穿袒胸窄袖襦衫，着束胸长裙，裙带于胸间结节后垂于身前，足穿云头履。肩披帔帛，帔帛两端绕臂于腋下并垂于身体两侧。

白陶黄釉画彩女立俑

唐

高17厘米

现藏故宫博物院

明器。头梳双层高髻，面庞清瘦，细颈削肩，双手隐于袖中，置于腹前。身穿袒胸窄袖襦衫，着束胸长裙，裙带于胸前结节后垂于身前，足穿方头履。肩披帔帛，帔帛两端绕臂于腋下，并垂于身体两侧。裙带及帔帛涂朱。

白陶黄釉画彩女立俑

唐

高19厘米

现藏故宫博物院

明器。头梳双层高髻，双手隐于袖中，置于腹前。上身穿袒胸窄袖衫，着束胸长裙，裙带于胸间结节后垂至身前，足穿方头履。肩披帔帛，帔帛两端绕臂于腋下并垂于身体两侧。

白陶黄釉画彩女立俑

唐

高37.5厘米

现藏故宫博物院

明器。头梳刀形半翻高髻，面容姣好。身穿袒胸窄袖襦衫，着长裙，裙裾不露足。肩披帔帛，帔帛一端垂于身前右侧。左手屈置胸部，右手呈提裙状。

白陶黄釉女立俑

唐

高20厘米

现藏故宫博物院

明器。头梳高发髻，五官清秀，表情肃穆。双手交握于胸前。着交领大袖襦衫，齐胸束腰长裙，衣纹刻画简洁流畅。

白陶画彩女立俑

唐

高18.5厘米

现藏故宫博物院

明器。头梳双层高髻，瓜子脸，面带微笑。双手笼于腹前。身穿袒胸窄袖襦衫，着长裙，衣纹自然。穿云头履。肩披帔帛，帔帛两端绕臂于腋下并垂于身体两侧。

白陶黄釉鸭

唐

高18厘米

现藏故宫博物院

明器。嘴扁平，双睛呈杏仁状，头伸直平视，细颈，两翼刻有羽毛，双腿直立于鸭掌形板上。上半身施黄釉，下半身无釉。

白陶卧猪

唐

高6厘米

现藏故宫博物院

明器。猪长鼻阔口，双耳耷拉，头和身体直接连在一起，后背高耸，四肢弯曲呈卧姿。造型简洁而夸张。

白陶黄釉画彩镇墓兽

唐

高27厘米

现藏故宫博物院

明器。头顶生一卷角，眼睛圆睁，阔嘴，面目狰狞，是狮头的变形。整体呈犬身蹲坐状。以黑、红两彩局部绘饰。

镇墓兽是陶瓷塑明器，放置于墓道口。它是古人想象的埋于墓中的镇恶驱邪之神兽，综合了多种动物的形象特征，呈现一副狰狞恐怖的样子。其作用是防止妖魔鬼怪对墓主人灵魂的侵扰，保佑灵魂安宁，护卫亡灵升天，也可威慑和恐吓盗墓贼。

红陶画彩女立俑

唐

高39厘米

现藏故宫博物院

明器。头梳刀形半翻高髻，脸形略圆。身穿袒胸窄袖襦衫，着长裙，裙裾不露足。肩披帔帛，帔帛一端掩双手垂于身前。

红陶画彩女立俑

唐

高37厘米

现藏故宫博物院

明器。施白粉。头发抱面，上部高梳一束，向左倾斜。面庞上小下大，敷红粉，五官集中。左手笼袖胸前，右手上举。身穿垂地长裙，露出尖头履。长裙遗有朱痕。形象圆润丰腴，具有明显的盛唐风格。

红陶画彩女立俑

唐

高37厘米

现藏故宫博物院

明器。施白粉。头梳高发髻，圆脸，双眼微闭，樱桃小口。双手拱于胸前。体态丰腴，穿垂地长衫，露出双足尖。红泥胎上刻画细道，表现衣服的纹样。

红陶女立俑

唐

高39厘米

现藏故宫博物院

明器。头发自后上绾，面庞圆润，眉目清秀，小口，头略侧向右。双手笼袖胸前，直立方板上。体态丰腴，穿圆领宽袖大裙，腰中系带。

红陶女立俑

唐

高35.5厘米

现藏故宫博物院

明器。头梳偏髻，蚕眉细目，小口施朱，眼、鼻、嘴略显紧凑。双手隐于袖中，置于腹前，大腹便便。体态丰腴，身着长裙，不露鞋头。

红陶男立俑

唐

高36厘米

现藏故宫博物院

明器。头与身躯分模制造，然后粘合而成。俑头戴幞头，椭圆形脸，双眉微蹙，两眼轻合，直鼻小口，两颊圆润。穿右衽宽袖衣，腰中系带，下露尖头靴。

红陶画彩拉马俑

唐

高36.5厘米

现藏故宫博物院

明器。头发中分，两侧各扎一发髻。脸形方圆，五官较为集中。双手握拳，似在牵马。身穿翻领窄袖大衣，衣上绘有图案，腰中缠绕帛带，下穿靴，立于方板上。

红陶画彩胡人牵马俑

唐

高37.5厘米

现藏故宫博物院

明器。头戴幞头，粗眉大眼，双睛突出，高鼻阔嘴，络腮胡须。身穿翻领大衣，腰系带，足蹬长靴，立于方板上。幞头、胡须、靴子皆绘成黑色。

红陶骑马狩猎俑

唐

高35厘米

现藏故宫博物院

明器。俑头戴幞头，八字胡须，面侧向左。穿翻领窄袖大衣。右手举于胸前，似在控缰。身后蹲一猎狗，竖耳凝视。马垂首，剪鬃，四足直立于方板上。

狩猎是远古先民的一项重要的生产活动。唐代的宫廷贵族把它作为娱乐和健身活动，“草浅兽肥，以礼数狩，弓不虚发，箭不妄中”（《唐会要·搜狩》），视为人生一大乐事。暇时逐兽山林，射飞苑中，是纨绔子弟的游戏。

红陶骑马狩猎俑

唐

高35厘米

现藏故宫博物院

明器。俑头戴幞头，八字胡须，面侧向左。穿翻领窄袖大衣。右手握于胸前，左手举于体侧，残损。马垂首站立，剪鬃。背上一驮囊，挂有野兔、飞禽等物。

红陶画彩马

唐

高14.7厘米

现藏故宫博物院

明器。红陶质，外表涂白粉，白粉上施红色斑块。马垂首，面目模糊，马身健硕，肌肉凸起，站立在一近似长方形的圈状底托上。

红陶画彩骆驼

唐

高13厘米

现藏故宫博物院

明器。红陶质，外表涂白粉。驼头部向前，颈部短、小耳朵。背部的双峰可以看出用工具削制的痕迹，尾巴上翘，腹部圆圆的，向外鼓出。四腿短粗，站立在近似长方形的圈状底托上。制作简率，颇为古朴。

红陶画彩牛

唐

高10厘米

现藏故宫博物院

明器。红陶泥胎，外表涂白粉。牛垂首，两角朝下，脖颈隆起。背部呈曲线，大腹便便，臀部滚圆，尾巴上翘，四条短腿站立在一近似长方形的圈状底托上。

红陶十二生肖龙俑

唐

高20.5厘米

现藏故宫博物院

明器。兽首人身，眼睛、鬃毛等刻画准确、形象。着交领广袖长袍。

十二生肖是由十一种源于自然界的动物即鼠、牛、虎、兔、蛇、马、羊、猴、鸡、狗、猪以及神异动物龙所组成，用于纪年，顺序排列为子鼠、丑牛、寅虎、卯兔、辰龙、巳蛇、午马、未羊、申猴、酉鸡、戌狗、亥猪。用十二生肖纪年，中国至少在南北朝时已经开始。

红陶十二生肖牛俑

唐

高19.2厘米

现藏故宫博物院

明器。双模合制，红陶胎，外施白粉，胎质显得较为疏松。牛首人身，脖颈略短，拱手直立，身体较鼓。着交领广袖长袍。细节刻画不甚明显。

红陶十二生肖马、猪俑

唐

马俑高19.5厘米

猪俑高19.3厘米

现藏故宫博物院

明器。红陶胎。马俑马首人身。马耳竖起，眼睛突出，引颈前伸，双手笼于胸前。身穿宽袖大袍。猪俑猪首人身，嘴向前伸，圆眼睛，大耳朵，脖颈略短，身体较鼓，拱手直立。身着交领广袖长袍。

红陶画彩镇墓俑头

唐

高31厘米

现藏故宫博物院

明器。原为镇墓兽，现只存头部。头发竖起，分为三股。面敷粉，双眉上耸，眼睛圆睁，高鼻梁，张口露牙，胡须上翘，表情狰狞可怖。兽耳阔大，向外张开。眼睛、胡须墨绘。

红陶画彩镇墓兽

唐

高38厘米

现藏故宫博物院

明器。头顶生一长角，猪耳阔大，面颊丰圆。双眉上耸，眼睛圆睁，高鼻梁，阔嘴紧闭，表情怒目激愤。背后生翅，双蹄状足，蹲坐于台座上。

红陶画彩镇墓兽

唐

高41厘米

现藏故宫博物院

明器。头顶生一弯曲长角，猪耳阔大，面颊丰圆。双眉上耸，眼睛圆睁，高鼻梁，阔嘴紧闭，表情狰狞。背后生翅，双蹄状足，蹲坐于台座上。

陶伎乐女群俑

唐

高20.4～35厘米

现藏故宫博物院

明器。一组八件，二件为舞俑，六件为乐俑。舞俑上穿翻领半袖衫，下着长裙，束腰，头微侧。两臂一上举，一下垂，双腿一侧伸，一屈曲，腰肢轻扭。乐俑内穿襦衫，外披帔帛，下穿长裙，分持琵琶、排箫、笙、钹、腰鼓等，有坐有立。

灰陶女舞俑

唐

左侧女舞俑高21厘米　右侧女舞俑高21.5厘米

现藏故宫博物院

明器。头梳双髻，圆脸粗颈，细眉细眼。上穿翻领半袖衫，下着长裙，束腰，头微侧。两臂一上举，一下垂，双腿一侧伸翘足，一屈曲，腰肢轻扭，翩翩起舞。此俑从服饰与舞姿看，属于传统汉族舞蹈范畴内的软舞。

灰陶持排箫伎乐女俑

唐

高34厘米

现藏故宫博物院

明器。头梳螺髻，两鬓抱面，圆脸，眉清目秀。上穿窄袖短襦，下着长裙，露出鞋头。双手持排箫，呈演奏状。

灰陶持笙伎乐女俑

唐

高35厘米

现藏故宫博物院

明器。头梳螺髻，圆脸。内穿襦衫，外披帔帛，下穿拖地长裙，露出鞋头。双手持笙，呈演奏状。

灰陶画彩女立俑

唐

高28厘米

现藏故宫博物院

明器。头梳丫形髻，脸面圆润。身着翻领窄袖长袍，腰束带，足穿马靴。双手握拳，左臂屈臂，手微上举，右臂下垂略向外撇，呈丁字步站立。

灰陶画彩女立俑

唐

高27厘米

现藏故宫博物院

明器。头梳双髻，方脸庞，目视前方。双手交笼于腹前。身穿翻领窄袖衣，下穿裙，盖住双脚。肩披帔帛，帔帛从双手向下垂。

灰陶画彩女立俑

唐

高28厘米

现藏故宫博物院

明器。头梳高丫髻，圆形脸，微胖，眉眼小巧紧凑。上身穿窄袖衫，下着裙，裙长曳地，微露足。双手隐于袖中，笼于腹前。

灰陶画彩女立俑

唐

高26厘米

现藏故宫博物院

明器。头绾高髻，圆形脸，微胖，重心右倾，头部微侧并向左上方凝望。上身穿窄袖衫，下着裙，裙长曳地。右臂倚石，左臂抬起，身体线条自然优美。

灰陶画彩伎乐女俑

唐

高15.5厘米

现藏故宫博物院

明器。头绾高髻，圆形脸，微胖，面目模糊。上身穿窄袖贴体衫，下着当胸长裙，裙上残留红彩和金彩。跪坐，双臂弯曲，双手持钹，呈奏乐状。

灰陶女舞俑

唐

高27.5厘米

现藏故宫博物院

明器。头梳锥形髻，圆形脸，微胖，面目模糊。内穿襦衫，外罩半袖，下着裙，腰系带，露出鞋头。双手上举，呈舞蹈表演状。

灰陶女舞俑

唐

高27.5厘米

现藏故宫博物院

明器。头梳丫形发髻，圆形脸，微胖，头向左微侧。内穿襦衫，外罩半袖，下着裙，腰下部缠系帛带，露出云头履。右手残，原应提裙摆，左手下摆，腿一前伸，一微屈，正在进行表演。

灰陶画彩女坐俑

唐

高15.5厘米

现藏故宫博物院

明器。头梳双丫髻，面部敷粉，面目模糊。内穿紧袖长裙，外穿短肩交领衫。跽坐姿，双手举于腹前，所持之物已失。

灰陶持物胡服女立俑

唐

高29厘米

现藏故宫博物院

明器。头梳丫形髻，圆形脸，微胖，头向右转。双手隐于袖中，交叠于胸前托杯。身穿翻领窄袖衣，腰中系带，带上挂囊，足穿高筒靴。

胡服泛指古代北方及西域少数民族的衣冠服饰。其形制较为紧窄，质料较为厚实，冬季以皮毛为多，服装色彩以间色为主，装饰纹样也较粗犷，以禽兽图纹为主。

灰陶画彩女射猎俑

唐

高28厘米

现藏故宫博物院

明器。头梳丫形髻，圆形脸，微胖，面目模糊。身穿翻领窄袖衣，腰中系带，下着靴。头左倾，脸朝左，右臂屈曲，左臂上举，右足立地，左足稍抬，呈持弓射猎状。

灰陶文吏俑

唐

高18.5厘米

现藏故宫博物院

明器。头戴冠，脸形略方，神情平和自然。双手叠放于腹前，呈肃立状。身穿交领宽袖长衣，内着裤，足穿靴。衣纹线条简洁明快。

灰陶画彩骆驼俑

唐

高28.5厘米　长30厘米

现藏故宫博物院

明器。驼昂首直立，张嘴嘶鸣。双峰，背上搭有毡垫，上面搭放虎头形水囊。肌肉丰满，骨骼强壮有力，直立方板上。

黑陶持腰鼓伎乐女俑

唐

高20.5厘米

现藏故宫博物院

明器。头梳双螺髻，脸形方圆，表情肃穆。跪坐姿，双手持腰鼓奏乐。内穿襦衫，外罩对襟短肩衣，下着红色长裙。

黑陶伎乐女俑

唐

高20厘米

现藏故宫博物院

明器。头梳双螺髻，脸形方圆。内穿襦衫，外罩短肩衣，下着长裙。跽坐。从姿态上看，所持乐器应为琵琶。

黑陶持钹伎乐女俑

唐

高20.4厘米

现藏故宫博物院

明器。头梳双螺髻，脸形方圆。内穿襦衫，外披帔帛。跽坐，双手持钹，呈打击表演状。神情专注，似已沉浸在精彩表演之中。

黑陶持琵琶伎乐女俑

唐

高34厘米

现藏故宫博物院

明器。头梳双螺髻，脸形方圆。内穿襦衫，外披帔帛，下穿拖地长裙，露出鞋头。手持曲项琵琶演奏。

琵琶是一种拨弦类弦鸣乐器，南北朝时由印度经龟兹传入内地。在隋唐九部乐、十部乐中，琵琶是不可缺少的伴奏乐器，对盛唐歌舞艺术的发展起了重要作用。

黑陶画彩女立俑

唐

高32厘米

现藏故宫博物院

明器。头梳双螺髻，面庞圆润，修眉细目，直鼻小口。身穿翻领窄袖胡服，腰中系带，脚穿靴。双手隐于袖中，相交于胸前。

黑陶女立俑

唐

高32厘米

现藏故宫博物院

明器。头梳双螺髻，五官清秀，眉宇间露出娴静神情。身穿襦衫，着束胸长裙，身体颀长。双手前举，原持物已失。

黑陶画彩胡人俑

唐

高33.2厘米

现藏故宫博物院

明器。头戴尖顶胡帽，眼内凹圆睁，鼻尖高大，特征明显，面带微笑。右手托皮囊包，左手护于胸前。身穿圆领窄袖长袍，腰中系带，足蹬长筒靴，直立在托板上。

黑陶昆仑奴俑

唐

高24.5厘米

现藏故宫博物院

明器。头发卷曲，面部皮肤黝黑，头部扭向一侧。身材短小，穿窄长袖右衽衣，腰系丝绳，双足外撇。当是唐人所称的昆仑奴。

隋唐时昆仑奴指黑人奴仆，他们大部分是作为阿拉伯商人的奴婢来到中国，有些又被转卖给唐朝的达官贵人。唐墓中有黑人侍仆俑或戏耍俑出土，就是这种“螺髻长卷不裹头”“自爱肌肤黑如漆”的昆仑奴。

黑陶昆仑奴俑

唐

高22厘米

现藏故宫博物院

明器。俑的头发卷曲，面部圆润，眉、睛墨绘，唇施朱。左手向外伸展，右手持一物。上身袒露，肩上披搭一巾，下身穿红色短裤，赤足，左足略抬起。从形象分析应为昆仑奴。

黑陶戏弄俑

唐

高28.5厘米

现藏故宫博物院

明器。头戴幞头，皱眉瘪嘴，面色愁苦。双手相交于胸前，呈表演状。身穿圆领窄袖长袍，腰中系带，足穿靴。从形象上分析应是参军戏戏弄俑。

三彩女坐俑

唐

高34厘米

现藏故宫博物院

明器。头梳双丫髻，面形丰润，略带微笑。右手上屈置肩际，左手平屈于腹前，垂足坐于束腰形座上。身穿袒胸窄袖襦衫，着绿色长裙，穿高头履。肩披棕黄色帔帛，帔帛一端掩左臂置腹前。

三彩釉是多彩釉，是在综合东汉以后的绿釉和黄釉的基础上，又引进波斯蓝釉技术创烧而成的，用黄、绿、白、红、蓝、黑等釉同施一器，经交融、流窜和晕染呈现千变万化的瑰丽画面，体现了唐代华丽浓艳的风情。

三彩女立俑

唐

高26厘米

现藏故宫博物院

明器。头梳刀形半翻高髻，面形圆润，体态端庄。双手交握于腹前。身穿袒胸窄袖衫，外加短袖襦，着棕黄色长裙，足穿云头履。肩披绿色帔帛，帔帛一端掩双手垂于身前。

三彩抱婴女立俑

唐

高16厘米

现藏故宫博物院

明器。头发梳于脑后，双手抱一婴儿。体形丰腴。身穿翻领大衣，宽衣博袖，衣服上饰绿、蓝色。

盛唐社会繁荣，妇女体形较为丰腴，杨贵妃的丰满肥硕成为一种美人的标志。这时的三彩女俑在塑造时都大髻宽衣，丰满肥腴，形成以胖为美“吴带当风”的艺术风格。

三彩女立俑

唐

高24.5厘米

现藏故宫博物院

明器。头梳螺形高髻，面目模糊。双手交握于腹前。身内穿窄袖衫，外加短袖襦，着绿色长裙，足穿高头履。肩披帔帛，帔帛一端掩双手垂于身前。

三彩在唐代随葬明器中应用广泛。它和唐代文化背景是相适应的。艳若云霞的丝绸、鲜丽夺目的壁画、流光溢彩的金银器及开放的社会生活，都与瑰丽斑斓的三彩和谐而统一，共同构成了大唐文化的辉煌画面。

三彩女立俑

唐

高26厘米

现藏故宫博物院

明器。头梳螺形高髻，圆脸，面容姣好。双手交握于腹前。上身内穿窄袖衫，外加短袖襦，着绿色长裙，足穿高头履。肩披棕黄色帔帛，帔帛一端掩双手垂于身前。

唐三彩俑身体施釉，头部均用彩绘，粉面黛眉朱唇，妩媚可爱，有些唐三彩女俑上还可见花钿的痕迹，即用金箔、纸、鱼鳃骨、鲥鳞等剪成各种花样贴于眉心，细致地反映了唐代妇女的化妆方法。

三彩拉马俑

唐

高40厘米

现藏故宫博物院

明器。头束发，脸方圆丰满，两眼下视，嘴紧闭。上身袒露，下身着绿色长裤。右手上举于脸颊处，呈牵马状，左手垂放，微向外撇，身体自然肃立。

三彩牵驼俑

唐

高45厘米

现藏故宫博物院

明器。头戴幞头，深目高鼻，为西域胡人形象。双臂抬起弯曲置胸腹间，双手握拳，呈牵缰状。身穿绿色翻领连衣窄袖直裾长袍，两侧开衩，腰系革带，下着红裤，足蹬长筒靴，立于踏板上。

三彩男立俑

唐

高17厘米

现藏故宫博物院

明器。头戴披肩风帽，面部丰满。双手交叠置胸前。身穿绿色圆领短袍，腰束带，内着裤，外披棕褐色翻领长袖大衣，衣长垂至地，足穿尖头履，立于踏板上。

三彩男立俑

唐

高17.5厘米

现藏故宫博物院

明器。头戴绿色披肩风帽，表情肃穆。双手交叠于胸前。身穿白色圆领短袍，腰束带，内着裤，外披绿色间棕褐色翻领长袖大衣，衣长垂至地，足穿靴，立于踏板上。

三彩男立俑

唐

高28.5厘米

现藏故宫博物院

明器。头戴白色披肩风帽，表情肃穆。双手拱置胸前。身穿白色圆领短袍，腰束带，内着裤，外披棕黄色翻领长袖蓝色大衣，衣长垂至地，足穿尖头履，立于踏板上。

三彩男立俑

唐

高19厘米

现藏故宫博物院

明器。头戴披肩风帽，脸宽而圆，略扁平，五官清晰。双手交握于胸前，身穿宽袖长袍，微露足。体态相对纤细，头部比例较身体偏大。

三彩文吏俑

唐

高72厘米

现藏故宫博物院

明器。头戴小冠，神情肃穆庄重。着宽袍大衣，外罩裲裆，脚穿如意头云履。领口、袖口饰黄、绿、棕三色斑点，下身棕、绿釉色自然流淌。双拳相握，置于胸前，立于镂孔束腰椭圆座上。

三彩文吏俑

唐

高70.5厘米

现藏故宫博物院

明器。头戴鹖冠，高鼻深目，八字胡须。冠、发、眉、眼、须施墨彩，唇涂朱。着棕黄色宽袖大衣，外罩裲裆，脚穿如意头云履。领口、袖口饰黄、绿、棕三色晕染纹。双拳相握，置于胸前，立于镂孔束腰椭圆座上。

三彩胡人俑

唐

高61厘米

现藏故宫博物院

明器。头戴幞头，高鼻深目，双睛圆睁，唇施朱，唇上留上翘八字胡，鬓及颏下留长髯。双手握拳。身穿黄色翻领右衽衣，翻领处略施绿色。腰中系带，足穿靴，立于方板上。

三彩胡人牵马俑

唐

高70厘米

现藏故宫博物院

明器。头戴幞头，高鼻深目，满脸胡须。双手呈握缰绳姿势，似在牵马或牵骆驼。身穿黄色翻领衣，翻领处略施绿色。腰中系带，足蹬高靴，立于方板上。

三彩天王俑

唐

高97厘米

现藏故宫博物院

明器。通体以绿、褐、白三色为主，釉色鲜艳明亮。俑头戴兜鍪，护耳上翻，顶部立一展翅欲飞的朱雀。浓眉大眼，眉毛、眼睛、胡须墨绘，面相凶恶。身穿明光甲，龙首披膊，腹部有护甲，腰中系带，腰下垂膝裙，鹘尾，下缚吊腿。右手叉腰，左手握拳上扬。右腿直立，左腿微屈，踏在卧牛之上。卧牛下为山形座。

天王俑自武则天当政时期始流行，和当时佛教蓬勃发展的社会风气有关。天王是佛教的护法神，东南西北四方天王分别称为东方持国天王、南方增长天王、西方广目天王、北方多闻天王。

三彩镇墓俑

唐

高42.5厘米

现藏故宫博物院

明器。头束高髻，豹眼圆睁，眉毛倒竖，大鼻头，半张嘴微吐舌，面部肌肉夸张，露出狰狞恐怖之状。身穿明光甲，足蹬长筒靴。左手叉腰，右手握拳高举，左腿直立，右腿微屈，踏在卧牛之上。卧牛下为山形座。

唐代镇墓俑体形高大，制作精美，是三彩俑中的精华所在。包括镇墓兽、十二支神俑和天王俑，用作护墓以驱鬼怪，反映了当时的宗教情感与影响。

三彩骑马俑

唐

高40.5厘米

现藏故宫博物院

明器。俑头戴幞头，脸形丰满，画有胡须。身穿绿色翻领连衣窄袖胡服。双手握拳，跨于马鞍上，双手抬起，似控缰绳。后腰系一长圆形包裹。马头高昂，略向左偏，背上置鞍，身躯健壮，四腿直立于方板上。

三彩骑马俑

唐

高40.5厘米

现藏故宫博物院

明器。俑头戴幞头，脸部圆润。身穿绿色翻领连衣窄袖胡服。跨于马鞍上，双手抬起，似在控制缰绳。后腰系一长圆形包裹。马昂首转向一侧，马头三角形，身躯圆鼓，显示出唐马的强壮。背上置鞍，四腿直立于方板上。

三彩骑马男俑

唐

高35.5厘米

现藏故宫博物院

明器。男俑头戴风帽，面目模糊。身穿黄色宽袖长袍，身后背号角。双手握拳双臂弯曲，右手在上，举于胸前，呈控马缰绳状。马垂首，身躯健壮，四足粗壮，直立于方板上。马上釉彩流淌。

三彩骑马男俑

唐

高35厘米

现藏故宫博物院

明器。男俑头戴风帽，双目注视前方，神态严肃。双手握拳，双臂弯曲，呈控马缰绳状。身后背弯形号角。外穿蓝色宽袖长袍，内着窄袖衣，穿长靴，足蹬马镫。马头下低并向左扭转，四足直立于方板上。

三彩骑马男俑

唐

高35厘米

现藏故宫博物院

明器。男俑头戴高冠，表情严肃，目视前方。身穿绿色长袍。跨于马鞍上，双手前屈，呈控马缰绳状。马健壮有力，垂头站立于方板上。

三彩骑马男俑

唐

高36厘米

现藏故宫博物院

明器。男俑头戴高冠，五官已不十分清晰。身穿蓝色长袍，双手前屈，呈控马缰绳状。马垂首，背覆鞍鞯，体形健硕，四足直立于方板上。

三彩骑马男俑

唐

高26厘米

现藏故宫博物院

明器。男俑头戴高冠，身着黄色长袍，正襟危坐，目向前方。马垂首，身躯健壮，覆鞍鞯。马鞍施蓝釉，釉色鲜明流畅。四足直立于方板上。

三彩骑马男俑

唐

高35.5厘米

现藏故宫博物院

明器。男俑头戴风帽，面目模糊。身穿绿色宽袖长袍，绿釉鲜明流畅。双手前举，呈控缰状，身后背弯形号角。马垂首，身躯健壮，四足直立于方板上。

三彩骑马男俑

唐

高34厘米

现藏故宫博物院

明器。男俑头戴幞头，头微倾，体态健硕，一手牵马，一手微握拳，跨于马背上。马垂首，张嘴呈嘶鸣状，身躯威猛高大，四足直立于方板上。

三彩骑马女俑

唐

高43厘米

现藏故宫博物院

明器。女俑头盘高发髻，脸形丰满，双目平视。上身穿窄袖衫，外套翻领半臂，下穿绿色长裙。双臂微屈下垂，骑于马上。马头高昂，略向左偏，剪鬃，背上置鞍，身躯健壮，四腿直立于方板上。

在唐代开放的社会里，妇女的社会地位较高，这在中国历史上是仅有的。王室贵族女子与男人一样，可以参政议政，参加出游、打球、骑马等社会活动。唐三彩俑中有大量反映妇女题材的作品，尤其是贵族妇女的形象，表现得更是淋漓尽致。

三彩马

唐

高51厘米

现藏故宫博物院

明器。马头小，颈长，两耳直竖，双眼圆睁，剪鬃束尾，昂首挺立，姿态英武。辔络、鞍鞯俱全，马鞍下设有障泥。马身主体施褐釉，辔络、鞧饰、马鞍及障泥施蓝釉。

马俑流行于隋唐时期的随葬明器。常见三彩和彩绘，多为战马形象。头小颈长，体态矫健，双目圆睁，炯炯有神。唐代工匠善于撷取马稍纵即逝的瞬间动作，将马塑造得鲜活生动，有奔跑、伫立、仰啸、勾头等姿态，栩栩如生，代表了唐代的雕塑水平。

三彩马

唐

高47厘米

现藏故宫博物院

明器。白马，马首略低，偏向一侧，两耳直竖，剪鬃束尾。辔头、额前饰杏叶状物。胸前有攀胸，股后有绿色鞦鞧，并挂有饰物。鞍鞯色彩丰富，鲜艳夺目。身躯健硕，立于方板上。

唐代讲究马匹的装饰，鬃毛修剪成一花、三花、五花等，马尾有下垂或打结的，马背上的鞍鞯饰物更是五花八门。但无论唐三彩马或彩绘马皆具有“首小体丰、两眼有神”的共同特征。

三彩马

唐

高76.5厘米　长77厘米

现藏故宫博物院

明器。通体施白、绿、赭三色釉。马两耳直竖，双目圆睁，凝视下方，张口嘶鸣，头略左偏。头戴络头，身披攀胸和鞧带，上挂杏叶饰物，尾系花结。背上跨鞍，外包鞍袱，下衬雕花垫和障泥。身体健壮，四腿挺拔，直立于托板上。

三彩陶鞍马是三彩马俑中数量最多的，装饰的马具佩饰有鞍鞯、当卢、流苏、杏叶、镳等，都是特殊工艺雕琢而成。有大小不同的规格，装饰有简洁和华丽之分，从中可显示主人的身份、追求和富贵的程度。

三彩马

唐

高70厘米

现藏故宫博物院

明器。白马，马头略向左下倾，双耳直竖，眼睛圆睁，张口嘶鸣，剪鬃束尾。戴辔头，有攀胸及绿色鞦鞧。背上跨鞍，下衬障泥，配鎏金马镫。马鬃施褐色，辔头、鞍鞧绿褐相间。身体健壮，四腿挺拔，立方板上。

三彩马

唐

高76厘米

现藏故宫博物院

明器。白马，马头略向左倾，双耳直竖，眼睛圆睁，张口嘶鸣，剪鬃束尾。戴辔头，嘴角衔镳，前有攀胸，后有绿色鞅鞧。背上跨鞍，上铺绿色绒毯类鞍袱。躯体丰肥适度，骨肉匀停，四腿挺拔，立方板上。

三彩骆驼

唐

高65.5厘米　长42厘米

现藏故宫博物院

明器。驼昂首，略偏向左，两目圆睁，鼻孔朝天，张口嘶鸣。双峰，背上垫一椭圆形的毡垫。毡垫用赭、绿、白三色釉相间图案装饰。四腿修长，直立站于长方形托板上。

唐代时，马和骆驼成为主要的陆上交通工具。内地载运货物以马为主，而吃苦耐劳、力大体健并有“沙漠之舟”美称的骆驼，则成为丝绸之路上的主要货物运输工具。故出土的骆驼俑多背负装有丝绸等货物的行囊。

三彩骆驼

唐

高87厘米

现藏故宫博物院

明器。驼昂首，两目圆睁，引颈张口，呈嘶鸣状。双峰，背上垫有毡垫，双峰从毡垫的圆孔中露出。两峰之间搭挂驮囊，上饰兽头，驮囊两侧有丝绸、水壶等物。四肢呈行走状。

绿釉十二生肖鸡俑

唐

高21厘米

现藏故宫博物院

明器。鸡首人身。鸡头敷白粉，粉上施朱，大冠，尖嘴，圆眼，竖纹象征毛发。身穿绿色紧袖长袍。双手笼于胸前，足穿靴，直立方板上。

绿釉十二生肖狗俑

唐

高25厘米

现藏故宫博物院

明器。狗首人身。大耳下垂，双眼圆睁，张口吐舌，犬牙外露。身穿绿色釉窄袖长袍，腰束带，足蹬酱色长筒靴。抱拳拱于胸前，腹部圆鼓，直立方板上。

陶画彩十二生肖猴俑

五代

高21.5厘米　宽12厘米

现藏故宫博物院

明器。白陶泥胎。俑头戴冠，冠上顶一猴头。猴头部浅刻三道纹，圆眼尖嘴，双耳系泥条捏制而成。俑细眼向下看，高鼻梁，双唇微张，络腮胡。双手交笼。穿长袖掩襟衫，长衫盖住双腿，跪坐在长方形泥托上。

红陶绿釉文官坐俑

北宋

高17.5厘米

现藏故宫博物院

明器。施绿釉。俑头戴皮弁冠，长脸形，眼外角上吊，目视下方，神态平和。身穿圆领宽袖长袍，腰系长带。坐姿，双手抱拳放于胸前，上有长方形孔，原应握有笏板。

红陶绿釉文官坐俑

北宋

高17.5厘米

现藏故宫博物院

明器。施绿釉。俑头戴皮弁冠，长脸形，眼外角上吊，目视下方。身穿圆领宽袖长袍，腰系长带。坐姿，双手抱拳放于胸前，上有长方形孔，原应握有笏板。

编辑说明

“新中国捐献文物精品全集”是由中国文物学会主编、北京出版集团公司文津出版社出版的一套大型文物收藏类丛书。本套丛书首次将新中国成立以来各界人士捐献的文物精品汇集出版，以图文并茂的形式呈现给读者，并系统地论述了这些文物精品的价值以及捐献者的奉献精神和感人事迹等。

编辑在出版过程中发现书稿引文中存在一些比较特殊的情况，如：

1.不同作者的文章对同一事物的表述有出入；

2.同一篇文章中对同一事物的表述有出入；

3.引文中出现如今已很少使用的生僻字、词或专业术语。

出于对相关作者的尊重并保持原文的完整性，本套丛书将对上述情况不做硬性修改。

特此说明。